AF542149

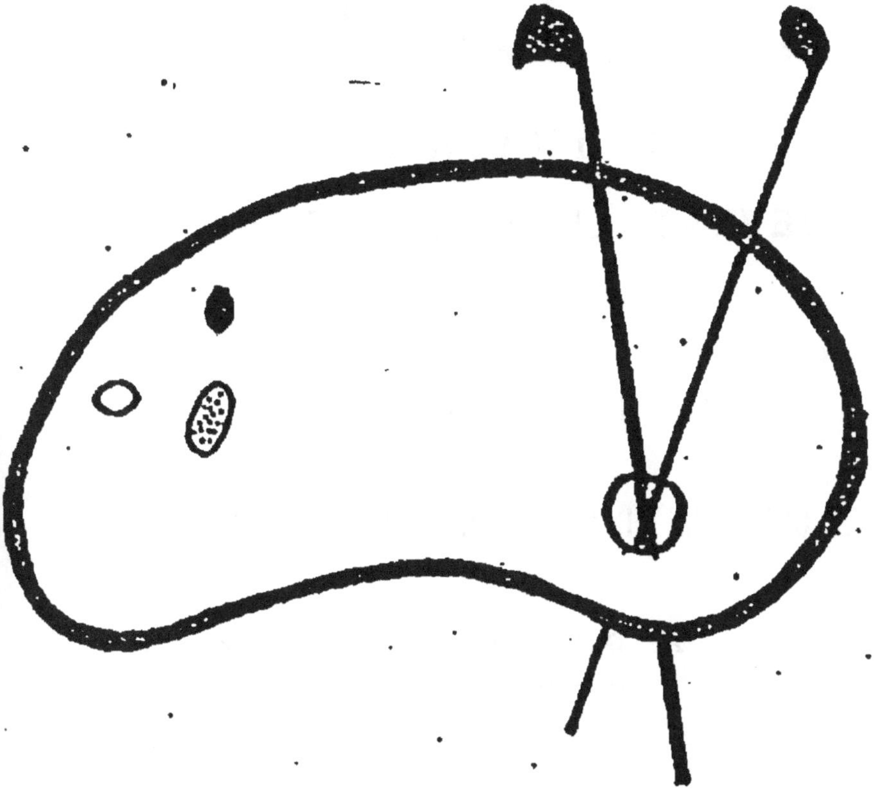

LES INVALIDES DU TRAVAIL DEVANT LE PARLEMENT

ESSAI SUR LA CONSTITUTION

D'UNE

CAISSE GÉNÉRALE DE RETRAITE POUR LES OUVRIERS

PAR

A. GOUVERNE

Ouvrier typographe.

LYON
ASSOCIATION TYPOGRAPHIQUE
TH. GIRAUD, RUE DE LA BARRE, 12

1882

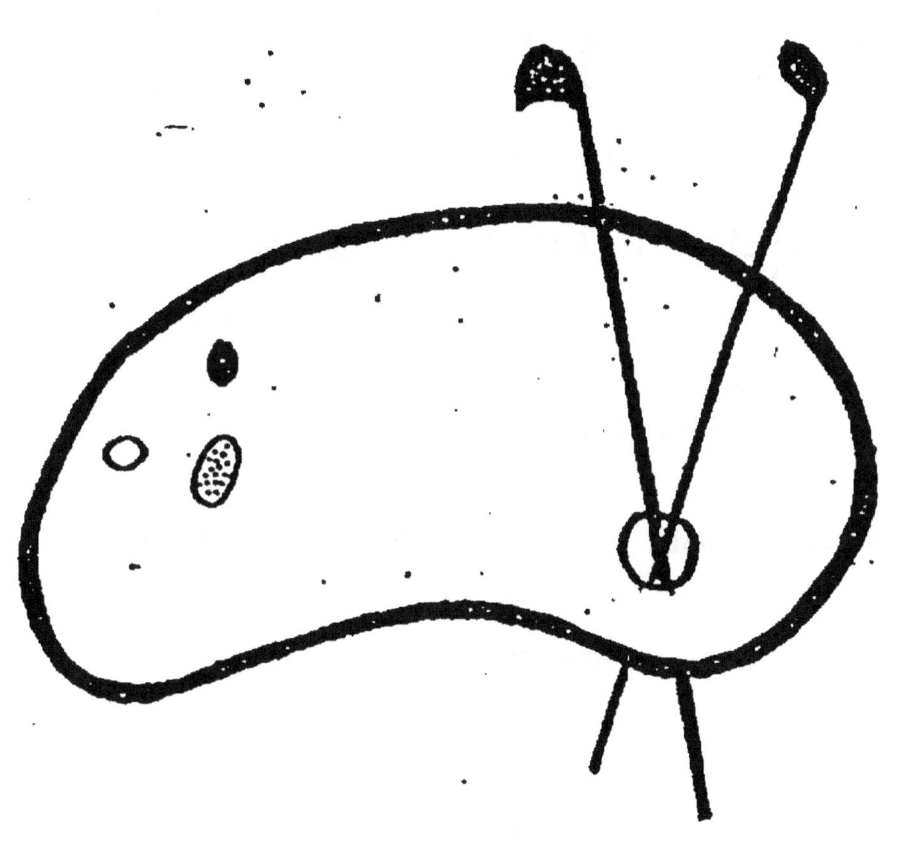

FIN D'UNE SERIE DE DOCUMENTS
EN COULEUR

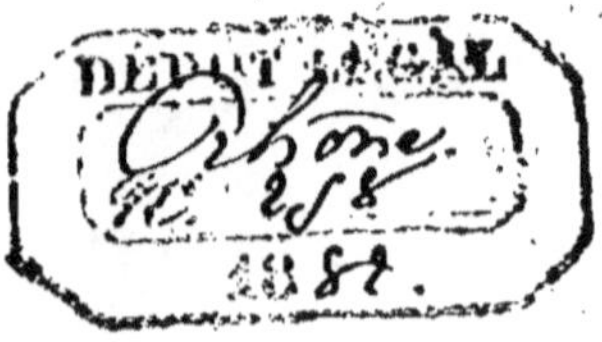

LES

INVALIDES

DU TRAVAIL
DEVANT LE PARLEMENT

ESSAI SUR LA CONSTITUTION

D'UNE

CAISSE GÉNÉRALE DE RETRAITE POUR LES OUVRIERS

PAR

A. GOUVERNE

Ouvrier typographe.

LYON

ASSOCIATION TYPOGRAPHIQUE

TH. GIRAUD, RUE DE LA BARRE, 12

1882

PRÉFACE

On ne s'étonnera pas outre mesure de voir un ouvrier aborder un de ces graves problèmes que renferme la question sociale. L'auteur, assurément, s'il n'avait considéré que sa propre compétence et son talent littéraire n'aurait pas entrepris une pareille tâche qu'il s'empresse de reconnaître bien au-dessus de ses forces. Mais, tout en faisant l'aveu de son insuffisance, il a cru cependant que les observations qu'il soumet à l'appréciation des hommes spéciaux, ne seraient pas inutiles. Il a pensé qu'elles pourraient servir à la solution des difficultés pendantes et à la réalisation des projets humanitaires que l'on se propose de mettre en pratique.

Ce n'est pas, en effet, un avantage médiocre, quoique peu désirable, de pouvoir parler, par expérience personnelle, de la condition fâcheuse de l'homme obligé de subvenir au jour le jour et par un labeur excessif aux nécessités les plus urgentes de la vie. Une connaissance intime et approfondie de cette situation est le seul motif que l'auteur veuille faire valoir pour justifier son entreprise un peu téméraire ; c'est aussi sa seule excuse d'oser aborder un sujet traité par tant d'écrivains justement autorisés, mais auxquels il a manqué d'avoir pu étudier leur sujet sur le vif.

Il a donc, sous l'impression du spectacle où il se trouve lui-même acteur, écrit ces quelques lignes qu'il ose livrer à la publicité. Ce caractère particulier de son opuscule explique également les récits familiers et les anecdotes personsonnelles qui s'y trouvent rappelés. Néanmoins, l'intérêt direct qu'il peut avoir dans la question ne l'a pas aveuglé ; il n'a rien exagéré, ni dans l'exposé de ses motifs, ni dans ses conclusions ; il ne prétend pas non plus avoir posé des principes indiscutables, ni prononcer un arrêt définitif; il propose très-modestement une solution qui pourra être modifiée ou limitée, et qu'il soumet à l'appréciation des hommes compétents. Ce qu'il croit pouvoir affirmer cependant, c'est la nécessité d'une caisse de retraite pour les travailleurs et leur droit à y prétendre.

Le lecteur voudra bien prendre ce travail tel que l'auteur le lui présente, c'est-à-dire, écrit sans aucune prétention, et inspiré uniquement par le désir d'être utile à une classe déshéritée et qui, certainement, mérite plus qu'aucune autre le plus profond intérêt et la plus vive sympathie.

I

INTRODUCTION

Depuis un temps immémorial, bon nombre d'écrivains distingués ont traité la question relative à l'ouvrier durant la jeunesse et l'âge mûr; mais aucun de ces hommes d'élite n'a, dans ses écrits, consacré quelques lignes à la vieillesse des travailleurs, qui ont passé leurs plus belles années à servir d'instruments pour enrichir des milliers de personnes qui jouissent du superflu, pendant qu'eux-mêmes vivent misérablement, ne sachant, dans leurs vieux jours, comment assurer la conservation de leur débile existence.

Le prince Louis-Napoléon, durant son exil sous le gouvernement de Juillet, a écrit un livre intitulé : *De l'Extinction du Paupérisme.* Il croyait que c'était chose facile de donner du travail à l'ouvrier qui en manquait, ou de faire payer son chômage par les contribuables ; en un mot, d'appliquer le système préconisé plus tard par Louis Blanc : le *Droit au travail.*

Lorsque ce prince devint empereur, il eut le pouvoir d'un autocrate : un Sénat et une Chambre ayant la meilleure volonté de satisfaire les volontés de leur maître, et cependant, de son livre, plein de promesses pour les classes souffrantes, il n'a pu extraire et appliquer que la loi sur les coalitions, loi qui a un grand prix, il est vrai : elle est assurément d'une incontestable utilité, aussi longtemps que l'ouvrier peut fournir la somme de travail nécessaire pour subvenir à ses besoins et à ceux de sa famille ; mais, dans la législation, il n'y a plus rien pour lui quand arrive la vieillesse avec son noir cortège de maladies, d'infirmités, de misères et de souffrances sans nombre !

Examinons ce que, depuis 89, ont apporté, en bien-être, aux travailleurs, les divers gouvernements qui se sont succédé.

L'Assemblée nationale de 1789, déclarée Constituante, la Convention, le Directoire et le Consulat, occupés de leurs luttes parlementaires, n'ont nullement songé à la misère du prolétaire.

Le premier Empire n'avait aucun souci des ouvriers jeunes ou vieux ; sa malheureuse passion pour la guerre l'absorbait complètement, il assurait contre les maux de la vieillesse un grand nombre de ses sujets, en les faisant mourir prématurément !

Il a à son actif deux millions d'hommes valides, Français et étrangers, que son ambition effrénée a fait s'entre-tuer sur les champs de bataille.

Sous la Restauration, les nobles avaient recueilli quelques épaves de leur ancienne splendeur ; les moins favorisés de la fortune s'étaient partagé le milliard que la Chambre de Louis XVIII avait voté pour les émigrés ; ils avaient un souverain de leur choix et dépensaient royalement leurs revenus ; le peuple paraissait heureux.

Le fabricant, le négociant, le chef d'atelier d'alors n'avaient pas l'instruction, la fierté de ceux d'aujourd'hui ; parvenus eux-mêmes à la fortune par un labeur lent et consciencieux, ils avaient des qualités bien précieuses ; ils étaient plutôt les pères de leurs ouvriers que leurs maîtres ; ils débattaient le prix du travail sans partialité, sans acrimonie. De nos jours encore, ces traditions ne sont pas encore perdues, et il existe bon nombre de ces âmes d'élite.

Tout le monde trouvait son compte à de telles habitudes ; l'ouvrier aimait et respectait son patron ; très-souvent maîtres et ouvriers échangeaient des poignées de main, et le bien général résultait de cette sympathie mutuelle.

Après la Révolution de 1830, la politique aidant, les maîtres et les ouvriers n'étaient plus dans les mêmes termes. Tout avait changé.

A la suite d'une révolution, les opérations commerciales s'arrêtent pendant plus ou moins de temps, les ouvriers sont sans ouvrage et sans pain. C'est le spectacle qu'offrait Lyon après celle de 1830. Les salaires étaient tombés si bas que l'ouvrier ne pouvait plus vivre ; les fournisseurs du prolétaire, à bout de forces, ne pouvaient plus accorder de crédit.

A cette époque, il y avait dans notre ville trente mille compagnons ouvriers sans domicile fixe, travaillant tantôt chez un maître, tantôt chez un autre, sans frais et sans loyer à leur charge, et ne recevant que la moitié du prix de la façon ; huit mille chefs d'atelier environ, domiciliés, dont chacun était propriétaire de trois ou quatre métiers ; enfin, sept cent cinquante fabricants, industriels, qui fournissaient les matières premières, payaient les ouvriers, et couraient toutes les chances de la spéculation.

Un nombre considérable de métiers chômaient. Cet état de choses ne pouvait durer plus longtemps ; les ouvriers n'avaient pas, comme le fabricant, la possibilité d'attendre des temps meilleurs ; il fallait vivre cependant ; ils présentèrent leurs doléances à M. le préfet du Rhône : celui-ci écouta les délégués des ouvriers avec beaucoup d'attention et d'intérêt, et invita les fabricants à s'entendre avec eux.

On convint d'un tarif ; désormais les ouvriers avaient un droit acquis.

Les fabricants ne formaient point une corporation dont les membres sont solidaires les uns des autres ; ils ne se regardèrent point comme liés par les engagements de ceux qui s'étaient portés d'office leurs représentants. Beaucoup refusèrent de l'ouvrage aux ouvriers. Ils circonvinrent le préfet, et celui-ci écrivit au Conseil des prud'hommes que le tarif n'était obligatoire pour personne.

L'exaspération des ouvriers fut extrême ; leur droit avait été reconnu, et l'on n'en tenait aucun compte. Le refus des fabricants, autorisés par le préfet, de procéder à l'exécution du tarif, mit le feu aux poudres, et le lundi 21 novembre 1831 éclata une insurrection formidable, qui, de part et d'autre, coûta la vie à deux cents personnes : soldats, gardes nationaux et ouvriers ; et plus de trois cents autres furent blessées plus ou moins grièvement.

Après leur victoire, les ouvriers furent magnanimes : ils eurent pendant huit jours, en leur possession, la seconde ville de France ; pas une exaction, pas un méfait ne fut commis : Dieu, la religion, ses ministres, les citoyens et les propriétés, tout fut respecté.

Pour récompenser la généreuse conduite qu'ils avaient tenue après le combat fratricide que tous les hommes de cœur déploraient, le gouvernement envoya une véritable armée commandée par le duc d'Orléans, fils aîné du roi Louis-Philippe, et par le vieux maréchal Soult, avec mission expresse de remettre aux autorités de la ville de Lyon le décret qui cassait le tarif.

Voilà comment les lois du gouvernement de Juillet protégeaient les prolétaires : toutes les faveurs étaient accordées aux riches, les pauvres étaient délaissés [1].

Les ouvriers, après avoir versé leur sang et fait répandre celui d'infortunés soldats, qui sortaient de leurs rangs [2] et devaient y rentrer après leur temps

[1] Sa Majesté la reine Amélie, souveraine à cette époque, digne émule de la reine Blanche, se multipliait pour venir au secours des déshérités de ce monde ; elle donnait à ses enfants l'exemple de la vertu et de la charité, en se faisant accompagner par eux dans les hôpitaux, voire même dans les demeures particulières, afin de soulager les pauvres et adoucir les derniers moments de nombreux malades atteints du choléra.

[2] Sous le règne de Louis-Philippe, l'on obtenait l'exonération du service militaire en payant une somme de 1,000 à 1,200 fr.

de service, les ouvriers, dis-je, n'obtinrent, au Conseil des prud'hommes, que huit places sur dix-sept. Ce fut tout le résultat de leur victoire.

Cependant le gouvernement de Juillet peut présenter à son actif en faveur de la classe ouvrière la suppression d'une plaie affreuse : la loterie nationale.

Cette loterie prélevait, annuellement, plusieurs millions sur un nombre infini de malheureux qu'elle réduisait à la misère, en même temps qu'elle maintenait dans le peuple la foi aux pratiques superstitieuses.

La passion du jeu, à cette époque, était arrivée à son comble : chaque déshérité voulait voir, en rêve, des numéros, afin de jouer le lendemain ; les uns, la nuit, mettaient, sous leur traversin, du marc de café dans un récipient quelconque ; d'autres, à l'heure de minuit, allumaient treize chandelles, décapitaient un chat complètement noir, exposaient sa tête au centre des lumières, et attendaient Satan porteur des bons numéros.

Cette malheureuse passion abrutissait les travailleurs à tel point que, pour satisfaire leur envie de jouer, ils se privaient du nécessaire et visitaient trop souvent les monts-de-piété.

Aucun des gouvernements antérieurs à 1848 ne s'est donc occupé de l'ouvrier, et même, le dernier d'entre eux, la monarchie de Juillet, a, au contraire, accordé à la bourgeoisie une faveur marquée au détriment du prolétaire.

Mes souvenirs personnels me permettent d'en citer un exemple caractéristique et authentique :

En 1846, à Lyon, un industriel eut un différend avec ses ouvriers, qui travaillaient trois nuits chaque semaine. Ces braves gens sollicitèrent, de leur patron, comme augmentation de salaire, une somme totale de 2 fr. 40 c., et par nuit, à répartir sur tout le personnel occupé nuitamment.

D'après le refus péremptoire du chef d'atelier de vouloir acquiescer à la juste demande de quelques-uns de ses ouvriers, ceux-ci cessèrent tout travail et partirent en silence, sans chercher à exercer aucune pression sur leurs collègues qui voulurent rester dans l'atelier qu'eux-mêmes quittaient.

Le lendemain, dès l'aube, plusieurs agents de police, postés à la porte de chacun d'eux, arrêtèrent ces honnêtes grévistes, bien inoffensifs, et les incarcérèrent.

Ils firent quinze jours de prévention, en compagnie, et couchant dans le même dortoir d'un assassin nommé Brouillard, de Neuville, joueur effréné, qui, ayant perdu tout son patrimoine, avait donné la mort à ses quatre enfants et à sa femme, parce que celle-ci n'avait pas voulu lui céder sa dot, qu'en bonne mère elle voulait conserver à ses enfants.

Un des grévistes, homme d'un caractère doux et timide, couchait pendant la nuit sur une paillasse qui était voisine de celle occupée par le monstre. Le pauvre diable veillait jusqu'à ce qu'il entendît ronfler la bête féroce. Alors, sans bruit, il éloignait sa couchette de celle de l'assassin, ce qui lui permettait de se livrer quelques heures à un sommeil bienfaisant. Durant toute sa prévention, il a souffert horriblement.

Malgré toutes leurs vicissitudes, nos bons grévistes s'armaient de philosophie et s'accommodaient tant bien que mal de leur position peu agréable, dont la rapacité d'un patron était la seule cause.

Un des leurs, excellent vieillard, se trouvant dans le préau, vit passer près de lui un porte-clés.

— Monsieur ! lui dit-il.

— Que voulez-vous ? lui répondit brusquement le geôlier.

— Parmi toutes vos clés, auriez-vous celle des champs ?

Le gardien, à l'air rogue, ne put trahir un sourire.

Enfin, le jour du jugement arriva, les infortunés se virent condamner à quinze jours de prison qui, joints à ceux de la prévention, leur firent un mois d'incarcération.

Avant la sage loi du second Empire sur les coalitions, les ouvriers qui voulaient vivre en travaillant étaient traités comme des malfaiteurs !

Les classes inférieures avaient obtenu néanmoins, dans cette période d'un demi-siècle, une amélioration notable par suite du progrès général et surtout par les facilités de communications qui s'établirent alors et changèrent complètement les conditions sociales ; mais ces améliorations ne profitèrent en réalité qu'au paysan et furent, d'une manière assez sensible, préjudiciables à l'ouvrier. En effet, ces facilités de communications, en permettant au cultivateur d'écouler ses produits au loin et dans toutes les directions, entraînèrent nécessairement le surenchérissement de ces denrées dans les lieux de production. De là, il est résulté forcément que l'ouvrier des villes, qui se nourrissait à bon marché du produit des campagnes environnantes, s'est trouvé en concurrence avec le riche consommateur des pays étrangers, contre lequel il lui est impossible de lutter.

Pour ne citer qu'un objet de consommation, le vin, et une ville, avantageusement placée sous ce rapport, la ville de Lyon, on a vu, en moins de trente ans, par suite de l'établissement des chemins de fer, ce produit doubler de prix, en même temps que, sous le rapport de la qualité, il perdait de sa valeur dans une proportion encore plus considérable,

C'est la République de 1848 qui, la première, s'est occupée du peuple, en lui donnant le suffrage universel, qui lui a été retiré la même année par la majorité de l'Assemblée législative, puis rendu au peuple par le prince Louis-Napoléon, devenu présisident de la République.

Le second Empire a fait voter la loi sur les coalitions qui est un grand bienfait pour les ouvriers, que certains patrons, âpres au gain et protégés par la police, exploitaient d'une manière criante,

Il a aboli l'échelle mobile, c'est-à-dire l'impôt sur l'entrée en France des grains étrangers.

Pour les soldats, qui eux aussi sont des prolétaires, il a fait améliorer la qualité du pain et abaissé le prix du tabac à fumer.

Aussitôt qu'un fléau sévissait sur la France, il était toujours le premier à secourir ceux qui en souffraient.

Nouveau Louis XII, Napoléon eût mérité le surnom de Père du peuple si, à son avènement, il eût été magnanime, en tirant un voile sur le passé, n'arrachant pas à leurs familles éplorées et dignes d'intérêt, pour les envoyer en exil pendant dix ans, de pauvres êtres qui, pour la plupart, n'avaient qu'un tort, celui de ne pas penser comme lui ; et aussi s'il n'eût pas fait la guerre, qui n'avait aucune raison d'être.

La digne et infortunée Souveraine qui partageait le trône sous le second Empire, et qui en pleine Assemblée française, a été traitée d'une manière si peu chevaleresque par le chef de l'opportunisme, oubliant toute dignité et toutes convenances ; cette femme vertueuse a doté une partie de la France d'hospices pour les convalescents, pauvres êtres que l'on renvoyait des hôpitaux aussitôt que leur appétit revenait un peu, et qui retombaient malades peu de jours après la reprise de leur travail.

Depuis quelque vingt ans, les indigents qui meurent dans nos hôpitaux sont inhumés décemment ; leurs tombes sont conservées tout le temps que permet la loi ; une croix, faisant connaître leur identité, y est plantée ; les familles peuvent aller y prier et garnir d'arbustes et de fleurs la dernière demeure de leurs parents chéris !

Avant cette salutaire mesure, les morts indigents des hôpitaux étaient jetés pêle-mêle dans un large fossé ; quelques lits de chaux humectée fusaient instantanément leurs cadavres !

Depuis la terrible et onéreuse guerre de 1870-71, il a été, malgré leur bon vouloir, de toute impossibilité à nos gouvernants d'améliorer le sort de nos déshérités et de créer la plus infime caisse de retraite pour la vieillesse et pour les travailleurs infirmes ; il a fallu guérir les plaies causées par l'ambition d'un Souverain qui, s'il eût été vainqueur, eût été un héros ; mais, vaincu, en ayant voulu suivre la voie dangereuse tracée par son oncle, n'a été que le corbeau voulant imiter l'aigle !

Le gouvernement actuel a déclaré hautement son intention d'améliorer le sort des classes pauvres. Jusqu'à présent, les troubles, les agitations, les luttes des partis, les essais multipliés tentés pour asseoir d'une manière définitive les institutions nouvelles ont absorbé tous les instants et toutes les forces de nos hommes d'État.

Le moment approche cependant où ils pourront entrer enfin dans la voie qu'ils se sont tracée ; un rapide tableau des circonstances défavorables et malheureuses contre lesquelles l'ouvrier doit lutter chaque jour montrera combien est difficile la tâche imposée à nos législateurs et ne sera peut-être pas inutile pour les éclairer et leur en faciliter l'accomplissement.

II

MISÈRE ET MALHEURS DES OUVRIERS

La Vie du Prolétaire.

Le malheur préside à la naissance du prolétaire, devient son compagnon fidèle durant la vie et le suit jusqu'au tombeau !

Que de tribulations, que de misères, que de souffrances dans la vie de l'ouvrier : l'obéissance passive de chaque jour, l'abnégation de lui-même pour plaire sans cesse à ceux qui l'occupent, les maladies, le chômage, qui engendrent la misère ; la perte de plusieurs de ses enfants [1], qu'il est souvent forcé de confier à des nourrices mercenaires, loin de son foyer ; enfin, toutes les calamités l'accablent dans sa jeunesse et dans l'âge mûr.

Le prolétaire est soumis aux mêmes impôts indirects qu'un homme très-riche ; c'est ce qu'on appelle l'impôt proportionnel.

[1] Il meurt, chaque année, 50 0/0 d'enfants d'ouvriers, livrés aux nourrices de la campagne, tandis que les riches, qui peuvent les garder chez eux, n'en perdent que 20 0/0.

Il serait à désirer que ceux qui ont le superflu payassent pour ceux qui ont à peine le nécessaire.

Le vin, par exemple, pris modérément, qui est un baume aux souffrances du peuple, est frappé d'un impôt ruineux. Le vin du riche, qui se vend 4 ou 5 francs la bouteille, ne paye pas un droit plus élevé que la piquette du pauvre.

Tant qu'il n'est point atteint de la maladie, l'ouvrier vit au jour le jour; son existence est quelquefois supportable. Mais lorsque son corps, ruiné par la misère, laisse entrevoir le résultat de tant de fatigues et de privations, lorsque vient la maladie, c'est alors que son dénûment paraît tout entier, et que son logis offre un spectacle de désolation.

Quand l'ouvrier arrive à la vieillesse, il est généralement méprisé; dans les ateliers l'on souffre avec peine sa présence, il est d'un moins bon rendement qu'un jeune homme. Les patrons qui occupent des vieillards sont des philanthropes. Des équipes d'ouvriers dans l'âge mûr refusent les vieillards qui désirent en faire partie, disant, malheureusement avec raison, que ces derniers ne fourniraient jamais la somme de travail exigée par chacun des membres de l'équipe.

La position, dans un atelier, des ouvriers âgés est intenable ; il serait temps que nos gouvernants s'intéressassent à eux, et, mettant fin à leurs maux, leur assurassent un peu de bien-être, pour leur permette de jeter un voile épais sur leurs souffrances, qui, dans le moment présent, ne finissent qu'avec leur existence.

Un octogénaire, que j'ai beaucoup connu, après avoir élevé une nombreuse famille, se trouvant dans un dénûment complet, et pressé par le besoin, osa solliciter de ses enfants (ils étaient six) une modique pension de 30 centimes chacun et par jour, ce qui lui aurait fait une somme totale de 1 franc 80 centimes ; quatre de ces enfants refusèrent d'acquiescer à la juste demande de leur père ; celui-ci les actionna, le tribunal lui donna gain de cause ; mais le lendemain du jugement, les mêmes, qui avaient refusé du pain à leur vieux père, avaient quitté furtivement leur domicile.

L'octogénaire, n'ayant pour toute ressource que 60 centimes par jour, accordées avant le jugement par deux de ses enfants, et ne pouvant, avec cette faible somme, pourvoir aux nécessités de la vie, sollicita son admission à l'hospice de la Charité de notre ville. Peu de jours après il y mourut du chagrin causé par l'ingratitude d'êtres pour qui il s'était toujours sacrifié.

Un autre vieillard, possesseur d'une petite maison acquise par cinquante ans de labeur, était père de deux enfants : il eut la malheureuse pensée de leur donner sa propriété en viager ; ceux-ci en retiraient les revenus, mais n'avaient aucun souci de leur père et ne soldaient jamais sa pension.

Le pauvre homme, pour ne pas inquiéter ses enfants, partait chaque jour de la Guillotière, gravissait la côte qui mène à la Croix-Rousse, afin d'aller prendre sa nourriture quotidienne chez une de ses sœurs, très-âgée, bonne et brave femme, qui n'avait pour toute fortune qu'un métier d'ouvrière en soie.

Un vieillard, dont toute la vie s'est écoulée dans la pratique du bien, la fortune l'ayant trahi et mis dans l'impossibilité de parer à la misère de ses vieux jours, est surpris, dans la rue, implorant la pitié d'un heureux de ce monde; vite le sergent de ville qui, probablement, lui-même, avait satisfait aux besoins de son estomac, arrête cet infortuné et l'emmène, clopin-clopant, à la Permanence; le lendemain, aux flagrants délits, le bon vieillard s'entend condamner à quelques jours de prison, ce qui lui donne le droit d'entrer au Dépôt-de-Mendicité, asile très-bien administré, où il n'existe point une ligne de démarcation entre l'honnête homme malheureux et les vagabonds.

Autrefois, à Athènes, l'on saluait les vieillards; aujourd'hui, en France, s'ils sont dénués de tout et se livrent à la mendicité, la police les traque et les emprisonne!

Jusqu'à ce jour, dans le plus riche pays de l'Univers, il ne s'est pas révélé un homme haut placé: souverain, ministre, sénateur, député, etc., philanthrope, qui se soit voué à la cause des infortunés invalides du travail!

Cependant on peut citer un homme d'un rare mérite, qui s'est ardemment occupé de la question de la misère du peuple: c'est le bien regretté sénateur Joseph Garnier. S'il n'a pas récolté ici-bas le fruit de ses veilles et de ses travaux, les nombreux et savants écrits qu'il a laissés, joints à sa conduite exemplaire, seront, pour ceux qui ont mission de s'occuper du bien public, un encouragement à persévérer dans la même voie [1].

A la campagne, le mépris des vieillards est souvent poussé à l'excès ; un père et grand-père n'a plus sa place à la table de ses enfants et petits-enfants ; il n'est pas présentable, répond-on, si l'on se permet de faire la moindre objection en sa faveur, ainsi que cela m'est arrivé plusieurs fois. On assied le chef de la famille près de l'âtre, on lui sert sa nourriture dans un récipient qui repose sur ses genoux.

Il y a quelques années, après une maladie, je fus passer plusieurs jours en convalescence dans un village. Je visitai une ferme appartenant à des gens fort à leur aise. La doyenne de la famille était malade. Je dis à un de ses fils : « Vous devriez faire appeler un docteur. »

Il me répondit : « C'est inutile, ma mère est malade de vieillesse ! »

Mécontent de cette réponse inhumaine, je quittai brusquement cet homme peu sensible et avare.

Avant mon départ du village, je retournai dans cette ferme afin de m'enquérir de l'état de santé de la malade. Grand fut mon étonnement quand je la vis vaquer à ses occupations, préparant la marmite n° 100 destinée à faire cuire les aliments des bestiaux de la ferme.

[1] J'invoque le souvenir de cet homme de bien, en présentant mon modeste travail à celui qui fut son sincère ami ; je l'ai nommé : M. Léon Say, qui, avec la plus louable sagesse, administre les finances de l'État.

— Bonne dame, lui dis-je, vous paraissez guérie ; quel est le médecin qui vous a traitée ?

— Ce n'est pas un médecin, me répondit-elle ; une de nos génisses était atteinte de violentes coliques provoquées par du trèfle vert qu'elle avait mangé en trop grande quantité ; un de mes enfants a été chercher le vétérinaire du canton, qui, après avoir soulagé la génisse, est venu me visiter.

Le même instrument, sujet des moqueries de Molière, et dosé plus ou moins, avait servi à la génisse et à la bonne vieille.

Non-seulement le prolétaire est délaissé dans la vie civile, mais encore dans la carrière militaire.

En 1850, arriva, à Lyon, en qualité de commandant en chef, un général d'humeur excentrique, qui gagna son bâton de maréchal au coup d'État, en postant ses régiments sur les places publiques et dans les rues de notre ville.

Chaque dimanche, pendant dix ans, le maréchal passait sur la place Bellecour, une revue de plusieurs milliers de soldats, cavaliers et fantassins.

Pour faciliter les piétons, en temps de boue, les édiles de l'époque avaient fait établir, sur cette place, un sentier bitumé comme il en existe encore un de nos jours. Ce sentier fut fatal à plusieurs soldats pendant les revues ; aussi longtemps qu'il n'y eut que de simples cavaliers renversés, le bitume fut respecté ; le blessé était transporté à l'hôpital militaire, la monture confiée aux soins du vétérinaire du régiment.

Un dimanche de l'année 1858, il avait plu dans la

matinée, la revue hebdomadaire eut lieu comme d'habitude; un cheval, ayant l'insigne honneur d'être monté par un général, glissa sur le bitume encore humide de la pluie du matin; homme et bête roulèrent sur le sol : l'un se cassa une jambe, l'autre se couronna.

Ce jour, néfaste pour le général, victime de cet accident, fut très-heureux pour les soldats : le lendemain, la pioche et la pelle des manouvriers enlevaient le bitume, qui n'a été rétabli qu'à la mort du maréchal, parce que ses successeurs passaient peu ou point de revues.

Même après la mort, le cadavre de l'ouvrier n'est pas respecté. Ses restes peuvent servir à un étudiant en médecine pour quelque lugubre plaisanterie semblable à celle dont, il y a quelques années, une fille de brasserie de notre ville fut l'objet. Elle reçut une boîte élégante, dans laquelle se trouvait un billet ainsi conçu : « Je vous offre ma main et mon cœur. » Puis, au fond de la boîte, elle découvrit avec horreur une main et un cœur humains !

En 1843, j'avais un camarade investi des fonctions d'interne à l'Hôtel-Dieu ; j'allais le voir quelquefois ; un jour, ne le rencontrant pas, le frère de service me dit : « Il est à l'amphithéâtre ; si vous le désirez, je vous y conduirai. » J'acceptai.

C'était au mois de décembre ; on eût pu croire que Londres avait gratifié notre ville des brouillards de la Tamise. L'École de médecine de cette époque ne faisait pas, comme l'opulente Faculté d'aujourd'hui, venir sa houille à pleins vagons ; dans l'amphithéâtre, un froid glacial se faisait sentir; un poêle qui, depuis longtemps, réclamait ses invalides, répandait peu de chaleur. A un moment donné, je vis un des messieurs du bistouri fouiller dans un cadavre; puis, avec de la chair dans une main, se diriger vers le maigre foyer. Je crus assister à un repas de cannibales! Je m'étais trompé: la main du futur disciple d'Esculape recélait de la graisse humaine destinée à raviver le feu qui menaçait de s'éteindre.

Ce sont deux faits isolés et véridiques que je viens de citer, qui ne se sont sans doute jamais renouvelés. Pendant deux ans, j'ai été employé à la bibliothèque de la Faculté de médecine, je n'ai eu qu'à me louer de la politesse, de l'urbanité et du savoir-vivre de MM. les étudiants. Mais rien ne prouve, d'autre part, que ces mêmes faits ne puissent se renouveler.

Les Fournisseurs.

Se nourrir, se vêtir et se loger sont les premières et les plus indispensables conditions de l'existence, elles sont pour l'ouvrier plus onéreuses que pour personne; il paie plus cher, et les produits qu'il achète sont de qualité inférieure; on ferait tout un livre des tromperies, des altérations et des falsifications dont il a à souffrir de la part de ses fournisseurs. Non-seulement il est obligé, par sa position précaire, de consommer des aliments qui laissent souvent beaucoup à désirer sous le rapport de la qualité; mais encore il est exposé à ne pas avoir la quantité de la marchandise achetée et payée intégralement, surtout quand il accorde sa confiance à certains boutiquiers peu délicats.

Il y a quelques années, j'habitais au centre de notre ville ; je changeai de logement et fus louer un appartement dans le troisième arrondissement.

Le boulanger, homme déjà riche, qui était mon fournisseur depuis longtemps, sollicita la faveur de me faire apporter du pain à mon nouveau domicile ; je la lui accordai bien volontiers.

Dans les grands centres, l'ouvrier se loge où il peut ; je demeurais à un troisième étage ; le garçon boulanger, qui, souvent, était harassé de fatigue par ses longues courses, déposait le pain qui m'était destiné chez une dame qui habitait le rez-de-chaussée de la maison où était situé mon appartement ; cette personne avait une paire de balances, et, sans me le dire, elle voulut s'assurer si le poids du pain était régulier. Cinq fois de suite elle constata un manquant de 3 à 400 grammes à chaque pesée ; elle eut l'extrême obligeance de m'avertir; durant quinze jours, nous continuâmes la même opération (le boulanger n'expédie pas le pain quotidiennement), et chaque fois le même déficit, ou à peu près, existait.

Après m'être assuré du fait, je fis appeler mon fournisseur infidèle ; je le tançai vertement, et nous nous quittâmes peu bons amis, moi lui disant, comme beaucoup de personnes trompées en ont la mauvaise habitude, d'aller se faire châtier ailleurs.

Un épicier, aussi mon fournisseur, avait en sa possession un ancien poids de fer, qui accusait

500 grammes, mais auquel on avait ravi la boucle, et, par conséquent, il était allégé de quelques grammes.

L'*honnête* épicier a fait usage de ce poids jusqu'au jour où la police, probablement avertie par quelques clients un peu grincheux, est venue faire irruption dans son magasin, a saisi le poids et a fait condamner son propriétaire à 25 fr. d'amende, aux dépens, en ordonnant que le prononcé du jugement fût affiché à la porte du magasin dans lequel, depuis longtemps, se commettait le méfait.

Un autre marchand, qui vendait du vin à porte-pot, comme on dit vulgairement, avait la précaution de tenir dans sa cave, près de ses tonneaux, un arrosoir d'une capacité respectable, vu le grand nombre de litres d'eau qu'il contenait. Chaque fois qu'il descendait chercher du vin, il versait préalablement une certaine quantité d'eau dans sa bonbonne (récipient dont se servent les débitants de liquides); puis il finissait de la remplir avec le jus généreux de la vigne. Procédé qui, du reste, ne trouve que trop d'imitateurs parmi ses collègues.

A la vue de l'embonpoint, de l'air florissant des bouchers, l'on pourrait croire qu'ils émargent au budget; il est vrai que, pour leurs riches clients et pour eux-mêmes, ils gardent les meilleurs morceaux de leur marchandise, et vendent aux prolétaires, à un prix pourtant assez élevé, les morceaux inférieurs, accompagnés d'os entourés d'un peu de chair, auxquels ces messieurs donnent, assurément par dérision, le nom de *réjouissances*, parce qu'il est difficile de se réjouir en y portant la dent.

Deux septuagénaires (mari et femme), en attendant leur admission dans un refuge quelconque, habitaient, dans un quartier excentrique, une mansarde à murailles lézardées, laissant pénétrer le froid et l'humidité ; ces braves gens vivaient bien misérablement et restaient devoir trois mois de loyer à leur régisseur.

Le mari, chaque jour, avant l'aube, armé d'un crochet de chiffonnier, parcourait les rues et fouillait dans les seaux d'ordures ; il en retirait du papier, des os, des chiffons ; ce métier infime rapportait quotidiennement à son ménage la modique somme de 25 à 30 centimes !

Un matin, en remplissant ses fonctions habituelles et étant à jeun depuis un laps de temps trop long pour son estomac débile, le chiffonnier improvisé découvrit, dans un seau d'ordures, un restant de homard.

Alléché par la belle couleur de sa trouvaille, le pauvre vieillard fit mine d'en savourer le goût ; un passant charitable l'en empêcha, en le priant d'accepter quelque menue monnaie.

Pareille aubaine, pour quelques heures, rendit ces gens-là bienheureux : la bonne vieille s'attifa du mieux qu'elle put et descendit chez le boucher voisin acheter 500 grammes de viande, qu'elle fit griller ; ce morceau, après la cuisson, ne permit d'en utiliser que 350 grammes, parce que tout ce qui composait le poids total ne put pas cuire : un os formidable défiait l'appétit des malheureux vieillards.

N'importe, un air de fête paraissait régner dans la pauvre mansarde, qui, pour lit n'avait qu'un mauvais grabat, et, pour meubles, une table boiteuse, deux chaises qui, depuis vingt ans, réclamaient l'office du rempailleur, et un poêle qui, malgré son âge respectable, aurait pu donner encore une chaleur suffisante, si le combustible n'eût pas manqué !

Sur la table on mit le couvert composé de deux assiettes, de deux fourchettes, d'une tasse et d'un couteau ; du pain, un litre de piquette, tenaient compagnie à la portion de viande, désirée depuis longtemps par l'estomac délabré du couple infortuné.

Au moment où les deux vieillards s'asseyaient côte à côte devant leur splendide festin que, dans leur joie, ils comparaient à celui de Balthazar ; à ce moment, dis-je, la porte de la mansarde s'ouvrit brusquement, et le régisseur envers qui la vieillesse et le malheur les avaient rendus débiteurs, apparut comme la tête de Méduse ! Ces bonnes gens, n'attendant pas une visite si peu agréable, restèrent interdits et comme anéantis !

Le regrattier, devenu furieux à la vue de l'infime morceau de viande, occupant pourtant une place bien modeste sur la table vermoulue, apostropha ainsi ces malheureux : « Ah ! vous mangez du rôti et vous ne payez pas votre location ! »

Cet homme fut la cause que les deux vieillards passèrent une nuit affreuse, se désolant, et en proie à de violents tiraillements d'estomac, leur remettant en mémoire un vaudeville que, il y a quelque quarante ans, ils avaient vu jouer ensemble et duquel ils avaient retenu cette phrase : « Si le cœur est oublieux, l'estomac a de la mémoire. »

Le lendemain de cette scène toute d'argent, à l'heure du repas habituel de ceux qui ont une table bien garnie, le petit rôti, objet de la grande colère du régisseur, était encore intact. Ce fut seulement vers la fin du jour que ces deux infortunés prirent un peu de nourriture, qu'ils arrosèrent de leurs larmes !

Ceci se passait en 1854, durant la guerre désastreuse que nos braves soldats eurent à soutenir contre la Russie.

Nos époux septuagénaires, accablés par la misère la plus affreuse, les maladies nombreuses, plus communes à cet âge, voyaient avec douleur s'aggraver leur position digne de pitié. Le vers du poète national :

Dans un grenier qu'on est bien à vingt ans !

ne leur était plus applicable : une personne bienfaisante les arracha à leur mansarde et les fit admettre dans un établissement de charité.

Le régisseur est l'intermédiaire entre le propriétaire et le locataire. Ces messieurs sont un peu la cause de la cherté des loyers. Il faut bien, sur le prix des locations, retrouver leurs émoluments.

Ils sont, généralement, moins coulants que beaucoup de propriétaires qui, volontiers, feraient grâce ou à peu près à certains locataires dignes d'intérêt, si ceux-ci avaient affaire directement à eux.

Les fonctions de régisseur ressemblent assez à celles de l'huissier. Si ces messieurs ont la fibre par trop sensible, ils doivent souffrir moralement en exerçant leur ministère dans des circonstances souvent bien douloureuses :

J'ai encore présent à la mémoire la vue du cadavre brisé et ensanglanté de l'infortuné tailleur de la rue Saint-Côme, qui, il y a quelques années, à la vue de son domicile envahi par un huissier et ses recors, venant saisir son mobilier, s'était précipité d'un 4me étage.

Le régisseur a souvent recours à l'intervention et à la sévérité du juge de paix pour régler des différends suscités par des locataires excentriques, occupant dans l'année, à tour de rôle, divers appartements, et ne voulant jamais payer le prix de leur location, sous le fallacieux prétexte que les immeubles étant la propriété de tous, on peut, sans rétribution aucune, y demeurer.

Assistance publique.

Un ménage d'ouvriers qui, par le chômage ou la maladie, se voit forcé d'implorer l'assistance d'un bureau de bienfaisance, se trouve en butte à mille tortures nouvelles que lui crée sa malheureuse situation d'esclave de la charité officielle.

Aucune réserve, aucune discrétion n'est gardée à son égard ; si les personnes chargées de la distribution des bons ne rencontrent pas le malheureux assisté, pour s'épargner la peine d'une seconde démarche, ils déposent ces bons chez le concierge, sans même prendre la peine de les dissimuler.

Dès ce moment, l'infortuné est voué au mépris et aux tracasseries sans nombre que le cerbère n'épargne pas à ceux dont il n'a pas à attendre d'étrennes. En peu de jours, tout le voisinage est informé d'un état de misère que les pauvres honnêtes ont tant d'intérêt et s'appliquent tant à cacher pour sauver et leur dignité et leur modeste crédit.

Il reste cependant à l'ouvrier la ressource d'un secours plus libéral, plus intelligent et plus respectueux de sa dignité, c'est l'assistance donnée par les paroisses ; elle s'exerce d'une manière plus cachée et se préoccupe davantage des besoins réels que des règles plus ou moins imaginées par l'organisation administrative.

Malheureusement, bien des préjugés et bien des calomnies nuisent à l'exercice de ces institutions vraiment philanthropiques et, répandus parmi les ouvriers, les empêchent d'en tirer tout le profit qu'ils pourraient en obtenir.

Dernièrement, un ouvrier, excellent homme pourtant, mais imbu, comme tant d'autres, des principes subversifs qui ont cours depuis quelques années, se répandait en invectives contre la calotte [1] qui, disait-il, afin de faire obtenir quelques kilogrammes de pain et un peu de charbon à un nécessiteux, exigeait de lui, préalablement, un billet de confession [2].

— Erreur, lui répondis-je, les gens charitables ne calculent pas ainsi ; ils donnent, suivant leurs ressources, à tous ceux qui ont besoin (ils peuvent avoir

[1] Mot impropre, duquel se servent les personnes grossières ou hostiles au clergé pour désigner les prêtres.

[2] Autrefois des abus de ce genre ont pu être commis ; mais, depuis longtemps, la distribution des secours se fait indistinctement aux indigents ayant des principes religieux comme aux autres.

une petite préférence en faveur des plus dignes de leur commisération, soit par leur bonne conduite, soit par leur vie toute de malheur, l'humanité n'est parfaite dans aucune classe de la société) ; mais ces personnes s'efforcent de soulager toutes les souffrances qui se présentent à elles.

Exemple : J'ai habité, durant plusieurs années, dans une paroisse du troisième arrondissement, qui comptait 20,000 habitants ; sur ce nombre, 1,500 indigents étaient secourus. Parmi cette population, il y avait beaucoup de ménages interlopes, comme il y en a toujours trop dans les grands centres.

Un jour d'hiver de l'année 1870, les bonnes sœurs de la paroisse faisaient une distribution de charbon à une vingtaine de personnes, parmi lesquelles je remarquai un être abject, devant en partie son pain à certaines filles de prolétaires, battues par la tempête, que la séduction et la misère ont jetées dans une impasse qui n'a d'autre issue et pour dernier gîte que l'hôpital, où les attendent une agonie lente, solitaire et la mort !...

Dans le même arrondissement, mais dans une autre paroisse, un bon vieilard indigent, hebdomadairement, va chercher des secours chez les sœurs chargées de les distribuer.

Une sœur, en lui préparant ce qui lui était alloué, lui dit :

— Mon ami, comment allez-vous ?

— La santé ne va pas trop mal, mais la misère est grande ; nous serons malheureux aussi longtemps qu'on n'aura pas envoyé les cléricaux à Cayenne !

— Mon ami, lui répondit la religieuse, il ne faut pas parler ainsi de ces messieurs : ce sont eux qui donnent aux prêtres les secours de toute nature que nous vous remettons chaque semaine ; le clergé est l'intermédiaire entre ceux que vous appelez les cléricaux et les pauvres, afin de pouvoir soulager ces derniers.

Mais quand arrive l'âge où l'ouvrier n'a plus aucune ressource pour vivre, soit par les forces qui l'abandonnent, soit quelquefois par l'ingratitude ou la gêne de ses enfants, c'est alors que sa misère est au comble ; il ne lui reste d'autre moyen que de songer à se faire inscrire à l'hospice de la Charité, et seulement à l'âge de soixante-dix ans ; puis, il est forcé d'attendre deux ou trois ans avant d'être admis.

Heureusement que la charitable initiative de quelques particuliers supplée souvent à l'insuffisance des secours administratifs, et, s'intéressant au sort de ces déshérités, leur permet d'attendre le jour de leur admission.

Sans l'humanité de ces personnes, combien de vieillards, et même d'adultes, auraient faim ! combien d'enfants n'auraient pour tout vêtement que le costume primitif de nos premiers parents, moins, l'hiver, la feuille légendaire !

L'assistance donnée aux vieillards (mari et femme) par les hospices n'est pas d'ailleurs sans quelques lacunes regrettables ; par exemple, aussitôt qu'ils sont reçus, la vie commune à laquelle ils ont été habitués par de longues années de labeur, de souffrances et d'affection mutuelle se trouve impitoyablement rompue; il leur faut vivre isolément comme des étrangers; le règlement ne permet même pas de sortir le même jour à deux époux admis en qualité de pensionnaires à l'hospice de la Charité.

Gardienne fidèle des deniers du pauvre, en élaborant cet article, l'administration hospitalière aurait-elle craint d'être dans la nécessité de faire l'acquisition de layettes pour les futurs nouveau-nés de vieillards qui, avant leur admission à l'hospice, avaient déjà célébré leurs noces d'or !

A ces imperfections qui viennent d'être signalées et que l'expérience fera aisément disparaître, risque malheureusement de s'ajouter des vices plus graves et qui seront plus difficiles à extirper.

Le parti pris de laïcisation est une tendance déplorable dont l'application sera surtout fatale aux malheureux, obligés de chercher soit dans la vieillesse, soit dans la maladie, un refuge dans les hôpitaux.

A ce changement, qu'y gagneraient les malades? Assurément rien; au contraire, ils y perdraient beaucoup.

Les sœurs, mercenaires, il est vrai, sont choisies parmi les plus douces et les plus vertueuses; elles se vouent de grand cœur à leur belle mission toute de charité et d'abnégation !

Il y a trente ans, et, depuis cette époque, je ne sache pas que les sœurs de nos hôpitaux aient fait grève, afin de se faire donner une augmentation par l'administration hospitalière; il leur était alloué, annuellement, la modique somme de trente-six francs ; de plus, le Conseil des hospices faisait, à chaque sœur, le don d'une montre d'argent, afin de savoir les heures auxquelles il fallait faire prendre la potion prescrite aux malades confiés à leurs bons soins.

Les laïques, hommes et femmes du monde, ont l'habitude de prendre des distractions, d'aller souvent dans les brasseries, au spectacle, au bal, et quelquefois à Cythère.

Au déclin d'un jour de congé, en revenant d'une partie de plaisir, la dame laïque reprendra-t-elle sans dégoût ses fonctions hospitalières ? Lorsque l'interne de service lui dira : « Mademoiselle ou Madame, veuillez placer ce thermomètre dans le rectum de cette malade », le fera-t-elle avec la dextérité et la bonne volonté voulues ?

Puis, à quel chiffre s'élèvera ce nouveau genre de service, qui, d'aucune manière, ne satisfera les malades, et qui sera on ne peut plus onéreux pour le budget des pauvres ?

Le second Empire a eu l'heureuse idée de doter nos hôpitaux militaires d'un personnel de sœurs de Saint-Vincent-de-Paul ; les soldats malades ont reçu ces dames comme des anges tutélaires.

Ces dignes personnes, ayant préféré se consacrer à Dieu et se vouer aux malades, plutôt que de briller dans le monde, où, pour la plupart, les appelaient leur naissance et leur position de fortune, ont toutes les qualités requises pour un service hospitalier : la douceur, la bonté et ces mille petits soins qui plaisent tant aux malades !

Avant l'arrivée de ces religieuses à l'hôpital militaire de la Charité, à Lyon, un soldat, atteint de la fièvre typhoïde, dans la nuit, eut une soif ardente ; pour la satisfaire, il prit, avec beaucoup de peine, sur la planchette placée à chaque tête de lit, le récipient contenant de la tisane ; le pauvre diable n'eut pas la force de se le porter aux lèvres et en fit verser tout le contenu sur sa personne.

Le lendemain, les infirmiers de garde ne trouvèrent plus qu'un cadavre ! Le soldat était mort dans un bain intempestif !

L'on conviendra que si une de ces femmes charitables eût été préposée à la garde de ce malade, ellemême lui aurait donné à boire, et cet infortuné ne serait pas resté une partie de la nuit dans l'humidité, peut-être une des causes de son trépas !

Quels que soient le zèle et le bon vouloir d'un infirmier, jamais il ne sera, dans l'accomplissement de sa mission, à la hauteur d'une religieuse, qui, vouée par état au service des malades, libre de tout besoin personnel, de tout souci de ménage et de famille, n'a d'autre préoccupation que la pratique des devoirs auxquels elle s'est consacrée.

A la même époque et dans le même hôpital, un infirmier de garde, la nuit, dans une salle, se trouvant indisposé, aussitôt après la ronde, qui a lieu vers l'heure de minuit, pria un malade de le remplacer dans ses fonctions ; il affubla celui-ci de son uniforme, l'assit dans son fauteuil, et alla, lui, se blottir dans son lit.

Jugez si le service a été bien fait !

Messieurs les édiles de toutes les villes de notre beau pays, si, parmi vous, il y a des libres-penseurs, qu'ils veuillent bien faire un effort sur eux-mêmes en prenant l'engagement de ne jamais supprimer la religion dans les hôpitaux : elle seule inspire l'esprit de dévoûment, de force et de courage pour soigner les malades, qui, généralement, sont des prolétaires !

La Presse et les Cabarets.

Parmi les plaies qui rongent la population ouvrière, il en est deux dont l'action destructive est la même, quoique le principe en soit tout à fait différent, et que, même, l'une de ces causes paraisse essentiellement bonne et honnête. Les journaux, en effet, ne devraient pas, ce semble, être assimilés aux cabarets où l'ouvrier perd à la fois son argent, sa santé et sa raison.

La presse est assurément une chose honnête en elle-même; mais viciée comme elle ne l'est que trop souvent, elle devient un agent actif de démoralisation pour le prolétaire. Incapable bien souvent de discerner dans ses lectures le vrai d'avec le faux, le bon d'avec le mauvais, il subit plus volontiers, comme c'est le caractère de la nature humaine, la séduction de l'erreur et des choses dangereuses.

Un journal maintenant n'est plus qu'une entreprise commerciale, une marchandise que l'on pousse à la vente, et, comme l'on ne vend rien mieux que ce qui flatte, trompe et séduit, les commerçants en journalisme s'attachent surtout à émettre les idées qui satisfont le mieux les instincts et les appétits de la multitude.

Dans un intérêt de lucre, les rédacteurs de ces journaux, mettant de côté toute pudeur et toute retenue, divaguent à tort et à travers sur toutes sortes de sujets, traitant étourdiment les questions les plus difficiles et qui leur sont le plus étrangères, insultent tout ce qui est respectable, hommes et choses, niant Dieu et s'évertuant aveuglément à saper les principes moraux, clé de voûte de toute société.

Le masque de l'anonyme encourage leur audace et autorise leur licence. Bien des calomnies cesseraient, bien des mensonges ne seraient pas mis au jour, bien des attaques ne se produiraient pas, si leurs auteurs étaient obligés de se faire connaître et de les affirmer par leur signature. Leur nom seul suffirait souvent pour enlever tout crédit à leurs allégations.

Il existe cependant une loi qui satisfait à ce *desideratum :*

M. de Tinguy, représentant du peuple à la Législative de 1848, a attaché son nom à un amendement devenu fameux, qu'il présenta, de concert avec M. de Laboulaye, lors de la discussion de la loi sur la presse. C'est en vertu de cet amendement que tous les articles de discussions politiques, philosophiques, religieuses, publiés dans un journal, devaient être signés.

Le gouvernement a grand tort de laisser tomber en désuétude cet amendement, sauvegarde des honnêtes gens. En obligeant les écrivains journalistes à signer les articles émanant de leur plume, la crainte et la honte d'être connu de toute une population empêcheraient à quelques-uns d'entre eux de publier des articles virulents contre certaines personnes qui, ne voulant ni donner la mort, ni la recevoir, ne peuvent, par conséquent, envoyer des cartels aux écrivains insulteurs, qui, pour la plupart, ont plusieurs mois d'exercice à l'épée ou à toute autre arme!

Cette courte digression me remet en mémoire un fait qui, je crois, fera connaître au lecteur les convictions bien arrêtées de quelques-uns de ceux qui cherchent à l'induire en erreur :

En 1849, époque à laquelle le flot rouge montait et menaçait d'envahir toute la France, une trentaine de négociants lyonnais s'en émurent et se cotisèrent pour fonder un journal destiné à combattre les progrès du radicalisme, et qui ne devait vivre que pendant le mois qui précédait les élections générales.

Une somme de 30,000 fr. fut recueillie. Pour rédiger ce journal, qui prit pour titre : *L'Écho des Électeurs*, un prince du journalisme de Paris fut appelé ; on lui alloua 6,000 fr. pour un mois : c'était les émoluments d'un ministre.

En ma qualité d'ouvrier typographe, je fus placé à la tête d'une équipe qui composait des lignes pour ce journal ; de ces lignes, j'en formais des colonnes, puis des pages ; en un mot, j'étais arrivé à la dignité de metteur en pages (bâton de maréchal, ou à peu près, du compositeur typographe), fonctions assez briguées, rapportant 2 fr. en plus du prix de la journée ordinaire.

Le metteur en pages en fonctions est un homme un peu supérieur ; dès que le journal cesse de paraître, il rentre humblement dans les rangs de ses collègues, simples compositeurs.

Il a un binocle, deux places, une pour lui, l'autre pour sa copie ; plusieurs composteurs, soit pour les annonces, soit pour les simples lignes ; deux crayons, l'un noir, l'autre rouge, pour indiquer la différence des caractères à employer ; une paire de ciseaux, parce que quelquefois la copie lui manquant, il en taille dans quelques journaux de la capitale ou de la localité. Cette nouvelle fonction le fait passer d'emblée rédacteur... aux ciseaux.

Voilà pour son travail.

Il a le droit de rappeler à l'ordre quiconque se permet de causer à haute voix quand MM. les administrateurs ou rédacteurs honorent de leur présence la salle de la composition.

Esquissons la personne et la toilette du metteur en pages : il est toujours peigné d'une manière irréprochable, sa raie et sa barbe sont toujours bien faites, son linge et sa blouse sont immaculés ; en un mot, il attire l'attention de MM. les administrateurs et rédacteurs, qui, bien souvent, causent avec lui.

Possédant plus ou moins les qualités que je viens de décrire, M. le rédacteur parisien me faisait quelquefois l'honneur de me demander des renseignements sur Lyon, qu'il ne connaissait pas, et sur diverses autres choses.

Un jour, il me demanda quels étaient, à Lyon, les appointements d'un bon rédacteur. Je lui répondis :

« Il gagne par an ce que l'administration de l'*Écho des Électeurs* vous alloue pour un mois. »

— Ce journal est blanc, dit-il, et me donne 6,000 fr.; si un journal rouge m'en offrait 12,000, j'irais de suite.

Un journal du matin, bien connu dans notre ville, a pour rédacteur en chef un écrivain qui prêta le concours de sa plume au journal le *Courrier de Lyon*, lorsque cette feuille fit faux-bond à l'orléanisme pour prôner le bonapartisme.

Il ne faut pas s'y méprendre, tous les écrivains journalistes ne ressemblent pas aux portraits que je viens de tracer. Depuis quarante ans que je suis occupé comme ouvrier compositeur dans les journaux, j'ai connu bon nombre de ces Messieurs, et j'en connais encore qui sont l'honnêteté même, à aucun prix ne déshonoreraient leur plume, et qui ont de bonnes paroles et de l'estime non-seulement pour le metteur en pages, mais pour tous les hommes de l'équipe d'un journal.

Il y a quelque vingt ans, appelé par mes fonctions de typographe et de directeur de la composition d'un journal à avoir accès dans les bureaux de rédaction, j'ai vu des chefs d'exploitation de chemins de fer venir supplier MM. les rédacteurs d'être indulgents et de ne pas trop éreinter les Compagnies quand des déraillements ou tamponnements avaient lieu (ce qui arrivait malheureusement trop souvent), et j'ai vu, de mes propres yeux vu, offrir à MM. les rédacteurs des laissez-passer pour qu'ils ne signalassent pas au public les accidents qui pourraient survenir sur les lignes de chemins de fer.

Ce portrait de la presse, pour n'être pas flatté, n'en est pas moins ressemblant, et l'on devine sans peine combien doit être désastreuse son influence sur la population ouvrière dont elle règle les sentiments et domine l'intelligence.

Si le cabaret offre un instant de délassement à l'ouvrier raisonnable qui le fréquente rarement, il est très-préjudiciable à celui qui le visite fréquemment. Le prolétaire qui a la malheureuse passion de boire apporte la gêne dans son intérieur; s'il est marié et père, sa femme et ses enfants manquent quelquefois de ce qui est indispensable aux premières nécessités de la vie; la pauvre ménagère se voit souvent forcée d'engager les nippes communes au Mont-de-Piété, ou d'aller solliciter des secours au bureau de bienfaisance.

De plus, cet ouvrier néglige son travail, ruine sa santé, et s'il est membre participant d'une Société de secours mutuels, les nombreuses maladies qu'il contracte par suite de ses libations répétées deviennent très-onéreuses pour cette Société.

J'ai connu un ouvrier intempérant, marié et père; son travail lui rapportait 8 fr. quotidiennement; son logement lui coûtait annuellement 84 fr.; il devait un trimestre et ne pouvait le solder.

Chaque samedi, aussitôt sa paie reçue, cet homme dépensait, le jour et la nuit, dans les cabarets, une forte partie de son salaire. Sa femme ne reposait jamais avant sa rentrée au logis commun; en l'attendant, elle veillait et travaillait.

Après quelques années de cette vie peu agréable, la source de ses larmes étant tarie et ses yeux usés par les veilles, l'infortunée perdit complètement la vue, et la mort vint mettre un terme à ses souffrances physiques et morales.

Il y a des ouvriers qui n'ont pas la moindre notion d'hygiène, oubliant trop souvent que l'estomac réclame des aliments solides bien plutôt que du liquide.

C'est une habitude répandue parmi un grand nombre d'ouvriers d'absorber à jeun, chaque matin, des liqueurs alcooliques dont la mauvaise qualité contribue à en rendre l'action plus pernicieuse. L'abus des boissons est une des causes principales des maladies et de la mortalité précoce dans la classe ouvrière, et agit d'une manière non moins désastreuse sur le moral que sur le physique. Cette déplorable habitude fournit à la folie et au suicide leurs plus importants contingents. Le moins qui peut en résulter pour l'ouvrier est d'affaiblir ses facultés intellectuelles et ses forces. Bien souvent il arrive que, par suite d'excès de ce genre, un travailleur se trouve avant l'âge incapable de satisfaire à son labeur ordinaire, sous l'influence d'un mal chronique qu'il doit aux abus alcooliques.

Le célibataire, qui, pendant une partie de sa jeunesse, a usé de la vie en se livrant à l'ivrognerie et à la débauche ; quand, pour lui, arrive le moment de faire une fin, c'est-à-dire de se marier, ses enfants, en naissant, sont bien souvent atteints de faiblesse congénitale, puis, en proie à la scrofule ou à la phthisie, triste héritage, fruit de l'inconduite de leur père. Ces pauvres êtres sont valétudinaires durant toute leur vie et meurent prématurément !

La loi sur l'ivresse publique est placardée dans tous les cabarets ; mais les propriétaires de ces établissements l'éludent facilement, et reçoivent des clients qui entrent chez eux en titubant.

La même loi défend expressément de recevoir, dans un cabaret, un enfant au-dessous de quinze ans ; des débitants, peu scrupuleux, servent à boire à des marmots de dix à douze ans. Dans les débits de boissons, on voit de ces enfants, de très-petite taille, dont la tête arrive seulement au niveau du billard sur lequel ils jouent.

Dans beaucoup de départements, des arrêtés préfectoraux autorisent, jusqu'à l'heure de minuit, l'ouverture des cafés et cabarets.

Le prolétaire n'aurait nullement besoin de ce surcroît de temps libre pour dépenser en superflu une partie de son maigre salaire.

Il y aurait donc, sous ce rapport, quelque chose à faire. Le législateur et le moraliste devraient unir leurs lumières et leurs efforts pour porter remède à cette plaie, l'une des plus profondes qui sévissent sur le prolétariat.

L'ouvrier devant la justice.

Les conditions d'infériorité dans lesquelles se trouve placé l'ouvrier se retrouvent même en présence de la justice, malgré l'esprit et le langage de nos institutions. Il existe des lois qui ne peuvent avoir été promulguées que contre l'ouvrier. On pourrait citer en ce genre la loi contre l'ivresse publique, qui ne peut évidemment atteindre que les gens trop pauvres pour pouvoir se livrer chez eux à des libations exagérées. Mais si l'on ne peut blâmer absolument cette disposition légale, il n'en est pas de même de la loi sur la mendicité, qui, en réalité, est tout simplement une alternative entre la prison et la mort par la faim posée au prolétaire que le chômage et la misère frappent de coups inattendus. Les rentiers ventrus, qui, sous le règne de Louis-Philippe, ont élaboré cette loi, ne s'imaginaient pas, paraît-il, que tout le monde n'eût pas chaque jour ses trois repas servis.

C'est surtout à l'ouvrier que la détention préventive cause un préjudice souvent irrémédiable ; il n'a pas la ressource, permise au riche, de la liberté sous caution ; s'il est accusé d'un crime quelconque, on l'emprisonne préalablement ; durant sa prévention plus ou moins longue, sa famille, privée momentanément de son chef, se meurt, en proie au chagrin et à toutes sortes de privations.

Un beau jour, le juge d'instruction ne découvrant aucune charge contre ce brave homme, donne l'ordre de le relaxer ; le geôlier, en ouvrant la porte de la prison à cet infortuné, lui dit brusquement : « Sortez d'ici. »

La loi n'a rien pour cet homme qui a souffert horriblement dans le séjour de l'infamie, loin de sa famille, privée du fruit de son travail, qui la faisait vivre.

Au prorata de ses souffrances et de son temps perdu, une indemnité ne devrait-elle pas être accordée à cette victime de l'erreur judiciaire ?

Généralement, c'est toujours dans la classe pauvre que l'on cherche le coupable d'un méfait ; jamais, ou à peu près, les riches n'en sont soupçonnés, parce qu'ils mangent quand ils ont appétit, que leurs coffres sont gorgés d'or, et qu'ils n'ont qu'à désirer pour avoir.

Le riche ne va guère en prison, à moins qu'il n'ait l'organe du vol ou du crime, et quand il est passible d'une pénalité, souvent il est sauvé par un avocat de talent, bien rémunéré, et, à ce point de vue, le Code civil, lui-même, ne mériterait-il pas l'attention du législateur ? Est-ce que la perte ou le gain d'un procès devrait être subordonné au plus ou moins de talent d'un avocat ?

Les frais de justice sont trop onéreux pour les plaideurs, surtout pour ceux qui possèdent peu. Une affaire qui ne dépasse pas une valeur de trois mille francs devrait être exempte du papier timbré. A la fin de cette affaire, le pauvre hère qui l'a ou à qui on l'a intentée, après avoir rémunéré les hommes de loi, en sort à l'état de pigeon, à peu près dépouillé de ses plumes.

Le gouvernement devrait reprendre en sous-œuvre ce qu'avait voulu faire le second Empire : le rachat, dans un délai plus ou moins rapproché, des offices d'avoués.

La réforme conçue par Napoléon III ne put pas aboutir, parce que MM. les avoués s'en émurent et firent agir de hautes influences ; le projet fut considéré comme mort-né.

L'assistance judiciaire, à laquelle l'ouvrier est obligé de recourir pour défendre ses droits, n'est pas une arme égale dans sa lutte contre un adversaire plus favorisé de la fortune. Toutes les ressources, les atermoiements, les habiletés que fournissent les moyens de procédure, si précieuses en certaines circonstances, ne lui sont guère permises ; l'influence d'un avocat de talent, si décisive parfois, n'est pas à sa disposition ; pourvu, comme un accusé de Cour d'assises, d'un défenseur d'office, ses intérêts ne sont que trop souvent confiés à un avocat sans cause ou à un jeune stagiaire inexpérimenté.

Il est une autre situation qui intéresse de très près l'état normal de la classe ouvrière, et à laquelle il appartient au législateur de porter remède.

Il s'agit de l'existence, parmi les prolétaires honnêtes, de ces êtres viciés par le crime et aussi par la vie des prisons, et que la législation actuelle laisse se mêler à la population ouvrière.

Ne serait-il pas à propos, comme le veut un récent projet de loi, ne serait-il pas à propos d'expulser, à tout jamais, dans une île lointaine, des condamnés récidivistes, qui retombent toujours dans les mêmes fautes, parce que la société les repousse : peu de personnes consentent à les prendre pour employés ; les ouvriers ne se soucient pas de travailler côte à côte avec des êtres que la justice a marqués au front d'une tache ineffaçable.

Quelques-uns de ces malheureux, conspués, méprisés, ne pouvant, malgré leur bonne volonté, se procurer honnêtement des moyens d'existence, continuent à faire une guerre ouverte à la société et à commettre des méfaits, jusqu'à ce qu'une condamnation au bagne les enlève à leurs familles et à leur pays, pour devenir colon de Cayenne, où tout individu condamné à moins de huit années de travaux forcés est tenu, à l'expiration de sa peine, de résider dans la colonie pendant un temps égal à la durée de sa condamnation. Si la peine est de huit années ou au-dessus, le condamné y résidera pendant toute sa vie.

Un de ces êtres, ayant subi plusieurs condamnations, ne devrait-il pas être expulsé pour toujours? Chaque jour on en rencontre qui ont été flétris plusieurs fois et qui, dans les rues, coudoient les honnêtes gens.

L'Immigration dans les villes.

Parmi les causes qui, aujourd'hui, contribuent le plus à nuire aux travailleurs des villes, il faut compter l'immigration toujours croissante [1] de la population des campagnes dans les grands centres. Les gens de la campagne, comme certains étrangers,

[1] De 1876 à 1881, la population des campagnes et des villes de moins de 30,000 âmes, a diminué de 73,595 habitants.

La Normandie, la région la plus fertile de notre territoire; sur les cinq départements qui la composent, quatre, qui sont à peu près exclusivement des départements agricoles: la Manche, le Calvados, l'Orne et l'Eure ont perdu ensemble 57,000 habitants.

tels que les Italiens, habitués à une vie plus rude, à une nourriture plus grossière, peuvent accepter certains emplois, moyennant un salaire minime, qui serait tout à fait insuffisant pour l'ouvrier des villes, dont les besoins sont plus grands.

Ces nouveaux venus créent ainsi aux prolétaires citadins une concurrence redoutable et désastreuse en s'établissant au milieu d'eux, et, d'un autre côté, par suite d'une tendance contraire, le transfert à la campagne de certaines branches d'industrie cause à l'ouvrier un préjudice non moins grave.

Le paysan établi dans les villes ne se montre, à aucun point de vue, difficile sur les moyens de gagner sa vie. Il accepte tous les labeurs ; il se contente du moindre salaire, et si le prix de la journée est insuffisant, il a recours aux bureaux de bienfaisance. Moins fier que l'ouvrier, peu connu dans le pays qu'il habite, il n'éprouve pas ces scrupules d'amour-propre qui font que le prolétaire des villes répugne si souvent à recourir à l'assistance publique.

Les ouvriers italiens, élevés par des parents misérables, sont habitués à une sobriété telle qu'aucun ouvrier ne pourrait s'imposer; aussi, la plupart d'entre eux acceptent la faible somme que leur offre un entrepreneur avide de s'enrichir, ou ayant souscrit une adjudication préjudiciable à ses intérêts.

Quelques-uns de ces ouvriers nomades, en compensation de leur labeur, se contenteraient même, pour salaire, du prix de leur nourriture, dans la crainte de manquer d'occupation en France et d'être obligés de retourner dans leur pays, où ils ont souvent des comptes à régler avec la justice.

L'immigration des campagnards dans les villes est le résultat de causes nombreuses et multiples : l'amour du gain, l'esprit d'indépendance qui se satisfait plus facilement loin du village où chacun se connaît, l'attrait des plaisirs factices et enivrants que l'on trouve dans les grandes villes, et ajoutons aussi la décadence de l'agriculture.

Il conviendrait de ne pas négliger l'agriculture, cette mère nourricière qui devrait avoir la suprématie sur le commerce et sur toutes les industries, qui était, chez les Romains, honorée à l'égal de l'armée, et qui, chez nous, est depuis longtemps peu considérée et placée au dernier rang.

La situation défavorable de l'agriculture en France a été produite graduellement par des causes multiples qui doivent être examinées successivement :

1° Le morcellement indéfini de la propriété foncière, par suite des partages renouvelés à chaque décès du propriétaire, porte un rude coup à la grande culture, non-seulement en ce sens que chaque propriétaire d'un lopin de terre tient à avoir dans son domaine plusieurs genres de produits, sans avoir souci, le plus souvent, de la nature du sol, mais rend encore difficile l'application de systèmes mécaniques employés avec succès par les autres nations où la propriété est établie sur des bases plus larges.

2° Les droits de mutation, de vente, d'enregistrement, etc., trop élevés, qui créent des charges énormes pour les cultivateurs, charges contre lesquelles ne cessent de protester tous ceux qui ont à cœur la prospérité de l'agriculture.

3° La désertion des campagnes par les hommes jeunes et vigoureux, qui trouvent dans les centres industriels des salaires plus rémunérateurs, rend la culture très-onéreuse par l'absence de travailleurs et l'obligation pour le cultivateur d'avoir recours à des manœuvres ambulants qui se font payer grassement et sont loin de prendre à la terre, qu'ils travaillent en passant, l'intérêt que pourrait y avoir un garçon de ferme permanent.

4° Enfin la concurrence étrangère et spécialement celle de l'Amérique du Nord, où la main-d'œuvre est à bas prix et où les moyens mécaniques les plus perfectionnés sont employés avec intelligence sur des espaces considérables, appartenant à un seul propriétaire ou même à plusieurs réunis en association dans l'intérêt du rendement ; ce qui permet aux Américains de vendre le blé, sur nos propres marchés, à un prix inférieur à celui auquel nos cultivateurs le livreraient pour ne pas être en perte. Ce fait s'est surtout produit pendant les trois dernières années où la récolte, ayant été en France au-dessus de la moyenne habituelle, les cultivateurs pouvaient espérer retirer de leurs produits un prix plus satisfaisant.

En résumé, l'agriculture française souffre parce que les charges qui pèsent sur elle sont lourdes, et que, pour faire face au paiement de sommes relativement trop fortes, un assez grand nombre de cultivateurs sont obligés de recourir à des emprunts toujours onéreux, quand ils ne sont pas faits à des conditions pires et usuraires ; et que, d'autre part, les produits sont dépréciés par la présence, sur nos marchés, de denrées étrangères livrées à vil prix.

Cette situation sollicite toute l'attention et tout le zèle de nos législateurs, qui ne sauraient trop s'appliquer à y porter un remède prompt et efficace.

Il existe bien un projet de loi accordant 40 millions pour les dégrèvements de l'agriculture, mais il ne sera profitable qu'aux propriétaires de terrains et nullement aux prolétaires de la campagne, qui ne verront pas augmenter d'un centime la quotité de leur salaire.

Dans une ville, quand on diminue toujours d'une manière peu sensible, il est vrai, le chiffre des droits d'entrée sur le vin, les marchands de ce liquide et les riches seuls en bénéficient; l'ouvrier, achetant son vin quotidiennement, reste complètement en dehors de la gracieuseté octroyée par le Conseil municipal de la ville qu'il habite.

Il faudrait, entre autres choses, multiplier le nombre des Comices agricoles, et mettre à leur disposition une somme assez considérable, afin de leur permettre de pouvoir récompenser annuellement les valets de charrue et les servantes de ferme qui se signaleraient d'une manière particulière dans leurs travaux agricoles ou dans l'élevage des bestiaux.

Mais il serait à désirer que les Comices fussent un peu plus scrupuleux dans la distribution de leurs primes ; c'est-à-dire que, si un valet de ferme a bien labouré, a mis tous ses soins à faire venir du beau blé, il est de toute justice que son nom soit publié et que la prime lui soit décernée, sauf à accorder une mention honorable ou une médaille à son maître qui l'aura facilité, par les moyens en son pouvoir, dans ce qu'il aura fait de bien. Il en est de même pour la servante de ferme qui aura consacré tout son temps à faire de beaux élèves en bétail, il est urgent qu'elle soit récompensée elle-même.

Chaque année, les Conseils généraux demanderaient au gouvernement une somme de 10 millions que l'on retrouverait largement dans tout le bien que l'on pourrait faire aux habitants des campagnes, et dont ceux des villes se ressentiraient.

Cette somme de 10 millions servirait à récompenser cent mille personnes, et serait répartie entre les valets et les servantes de ferme les plus capables de bien administrer un domaine.

L'appât de cette récompense serait un stimulant. Le valet de ferme, en dehors de ses travaux ordinaires, sarclerait les blés, entretiendrait les champs dans un état de propreté satisfaisant, qui permettrait aux céréales de donner quantité et qualité. Tout ce qui composerait la ferme serait l'objet de la constante sollicitude de la servante. Non satisfaite de ses nombreuses occupations du jour, la nuit elle se lèverait pour soigner ses élèves, leur préparer à manger; en un mot, la ferme prospérerait d'une manière sensible. Tandis qu'à présent le valet de ferme passe avec indifférence devant le champ de blé qu'il a labouré et semé, sans s'inquiéter s'il y a de l'ivraie et d'autres herbes nuisibles ; la servante fait, dans la ferme, juste son travail afin de ne pas être renvoyée.

Pourquoi agissent-ils ainsi ? Parce qu'ils ne sont pas suffisamment encouragés ; parce que, si, de la ferme on destine quelques produits au Comice, ils sont convaincus que, bien souvent, leur maître aura les honneurs et les récompenses. Si l'on s'occupe d'eux, ce sera pour donner : au valet, une montre d'argent ; à la servante, une somme minime, comme gratification de leur long séjour dans la même ferme.

Le gouvernement accordant aux Comices les fonds nécessaires pour permettre de donner des primes pécuniaires, les départements auraient à leur charge les frais pour achat de médailles de 1re et de 2me classe. Ces médailles seraient accordées à ceux qui n'auraient pas besoin de la prime et à ceux qui l'auraient déjà reçue.

Après un certain nombre d'années de bons services rendus à l'agriculture, le laboureur honnête homme, qui aurait obtenu diverses médailles de 1re et de 2me classe, pourrait être signalé à l'attention de M. le Président de la République, qui jugerait s'il doit honorer l'agriculture jusqu'à décorer un de ses membres de la noble institution de la Légion d'honneur.

Le gouvernement, en protégeant l'agriculture, la rendrait florissante, et les habitants pauvres de la campagne, encouragés par des primes pécuniaires et honorifiques, ne seraient plus tentés d'émigrer dans les villes ; car il est bon de signaler ici que lorsqu'un villageois quitte son village, il n'y rentre jamais ; s'il ne réussit pas à gagner de l'argent, il reste à la ville où souvent il y a un trop-plein d'ouvriers, et c'est ce qui explique pourquoi, dans certaines professions, le salaire n'est pas en rapport avec les besoins de la vie.

Depuis quelque quarante ans, chaque fois que j'ai été à la campagne, bon nombre d'habitants (père ou mère) du village que je visitais m'obsédaient et me répétaient sans cesse : « Placez donc mon fils à la ville ; emmenez ma fille. »

Braves gens qui ont la bonhomie de croire que tout est pour le mieux dans les grandes cités. S'ils daignaient consulter la statistique des décès d'un seul hôpital de Lyon, celui de la Croix-Rousse (centre des ouvriers occupés à la fabrication de la soierie), ils seraient effrayés des ravages que la phthisie et la fièvre typhoïde exercent sur leurs pauvres enfants, qu'eux-mêmes engagent et forcent souvent à abandonner le village, où ils ont du pain, de l'air, pour venir s'étioler dans une ville, siège de la corruption et de la misère !

Combien de jeunes filles, belles fleurs des champs, se fanent dans une mansarde ou sur une soupente et meurent à un âge où la vie commence seulement pour leurs compagnes restées au village !

Le gouvernement, outre tout le bien qu'il ferait à l'agriculture en s'en occupant particulièrement, atteindrait encore deux buts : il empêcherait la population de la campagne de végéter et de s'étioler dans les villes, et il assurerait du travail aux ouvriers citadins, parce qu'il y aurait beaucoup moins de campagnards à la ville, gens qui, n'osant ou ne voulant pas retourner chez eux (où souvent les bras manquent), acceptent le travail à tout prix, et, par conséquent, nuisent aux ouvriers, lesquels, lorsque l'ouvrage leur fait défaut, ne peuvent, malgré leur bon vouloir, se livrer aux travaux de la campagne, parce qu'ils gagneraient à peine leur nourriture, n'ayant aucune notion d'agriculture et n'étant pas aptes à supporter ces rudes travaux.

L'Algérie, du reste, en offre un exemple frappant. Le gouvernement de Juillet, reconnaissant envers les prolétaires qui, en 1830, défendaient les barricades; après la victoire, qui dotait Louis-Philippe du plus beau trône de l'Univers, ce nouveau monarque, très libéral, dans son cœur paternel, ne trouva rien mieux que d'envoyer ces malheureux coloniser notre récente conquête : pauvres ouvriers qui, après un court séjour là-bas, mouraient ou revenaient malades et dans un dénûment complet.

Les Enfants naturels.

En dehors de toutes ces causes défavorables, il faut signaler encore la classe trop nombreuse des enfants nés hors mariage. C'est la population ouvrière qui en fournit le plus grand nombre, et ce sont eux précisément qui ont le plus à souffrir du vice de leur naissance ; ils n'ont pas les avantages de la fortune pour pallier leur infériorité sociale.

Généralement la fille du riche est à l'abri de la séduction, ses parents pouvant la garder chez eux et la surveiller jusqu'au jour de son mariage ; cette demoiselle n'est jamais, comme la fille du pauvre, exposée aux entreprises hardies et déshonnêtes d'un libertin quelconque, soit étant ouvrière, soit domestique.

Bien coupables sont ceux qui, à l'exemple de Rousseau, abandonnent, de gaîté de cœur, leurs enfants dès la naissance. Ces gens sans entrailles sont au-dessous de la brute, qui ne quitte ses petits que quand ils sont capables de subvenir à leurs besoins et se défendre contre les attaques de leurs semblables.

Aussi longtemps que dure l'âge des passions, ces pères dénaturés paraissent oublier les crimes de ce genre qu'ils ont commis dans leur jeunesse, en abandonnant les femmes qu'ils ont séduites et en délaissant d'intéressants petits êtres qui, plus tard, auraient pu devenir quelquefois leur soutien et souvent leur consolation au déclin de la vie!

Si j'avais le malheur de connaître familièrement un de ces êtres qui se jouent de l'honneur de la famille du prolétaire, je lui tiendrais ce langage:

« La fille que vous répugnez d'épouser, afin de la rendre à la société et en même temps légitimer votre enfant; cette fille, dis-je, à vos yeux, avant sa faute, était une personne accomplie sous tous les rapports; étant devenue mère du fruit de vos œuvres, vous méprisez cette infortunée, qui n'a eu qu'un tort, celui d'avoir cru aux belles phrases d'un misérable parjure, et de son piédestal de jeune fille pure et aimante, par votre lâche abandon, vous la faites peut-être descendre au dernier échelon du vice et de l'abjection.

« Vous êtes implacable et fermement résolu d'abandonner à tout jamais la pauvre jeune fille qui vous aime encore, coupable d'avoir eu la faiblesse de s'être laissée prendre à vos promesses trompeuses? Soit! consommez le sacrifice odieux : chassez la mère de votre présence; mais ne livrez pas votre enfant à la charité publique : ne voulant pas le légitimer, reconnaissez-le, donnez-lui votre nom, parce que, sachez-le bien, malgré le progrès, bon ou mauvais, accompli dans la société, celle-ci, réfractaire à tout sentiment de justice et d'humanité, n'a pas encore pardonné, tant méritant soit-il, à un homme, fils d'une demoiselle! »

Et, à l'appui de ce raisonnement, je lui citerais un fait bien malheureux qui s'est passé sous le règne de Louis XVIII :

« Un jour du mois de décembre 1819, à une soirée intime de la préfecture du Rhône, le secrétaire général, qui y assistait, désireux de prendre sa revanche d'un trait d'esprit que, dans une soirée précédente, lui avait décoché un des invités, personnage très-laid; le secrétaire, dis-je, en s'adressant aux dames, eut la malencontreuse idée de leur dire : « Mesdames, avez-vous vu quelquefois le portrait de Roquelaure? » Et, comme il obtenait une réponse négative, il ajouta, en désignant l'homme qu'il visait : « Voici son masque. » Celui-ci, piqué au vif par cette attaque imprévue, ne put dissimuler son dépit, et s'oublia à tel point, qu'il répondit au fonctionnaire imprudent : « C'est vrai, Monsieur le secrétaire général, vous êtes beau, je suis laid; je n'ai pas été, comme vous, f... au tour! »

Après cette apostrophe de mauvais goût et injurieuse au suprême degré, le second fonctionnaire de la préfecture fut atterré; car, en effet, il avait été élevé dans un hospice d'enfants trouvés, et se figurait que le secret de sa naissance, qu'il cachait depuis quarante ans, n'était connu que de lui-même.

Il était seulement le fils de ses œuvres : son mérite, sa probité et son savoir l'avaient fait arriver à un poste ambitionné par des hommes moins capables que lui, mais dont la naissance n'était pas illicite !

La plume peu autorisée d'un ouvrier ayant déjà fourni une carrière de quarante-cinq ans de travail ne peut convenablement aborder un tel sujet qu'Eugène Sue a traité longuement dans son livre : *Les Misères des Enfants trouvés*. Cet auteur a décrit avec une supériorité hors ligne tout le malheur et la fausse position dans le monde d'êtres qui, n'ayant pu présider à leur naissance, n'en sont responsables à aucun point ! Il me suffira donc simplement de faire un nouvel appel à la sagesse et à la prudence du législateur.

Un ouvrier, par lui-même, peut-il se créer une pension de retraite ?

Un grand nombre de personnes, ayant leur pain quotidien assuré et leurs vieux jours à l'abri de la misère, soutiennent la thèse qu'un ouvrier, par ses économies seules, peut, s'il le veut, pourvoir aux besoins de sa vieillesse.

Ayant quarante-cinq ans d'expérience acquise dans les ateliers, j'ose dire à ces optimistes, et je leur prouverai, qu'ils sont dans l'erreur la plus complète.

Prenons pour exemple un ouvrier marié et père de deux enfants. Généralement le pauvre est plus docile que le riche à la loi divine, recommandant aux hommes de croître et de multiplier. Possesseur d'une fortune plus ou moins considérable, le riche renonce volontiers au plaisir d'être père d'une nombreuse famille, afin, plus tard, en mariant ses enfants, de ne pas être obligé de trop diviser cette même fortune.

Ainsi, on est largement dans le vrai en donnant au moins deux enfants à un ouvrier marié (il y en a qui en ont quatre, six et même davantage).

D'après diverses statistiques, la moyenne du salaire des travailleurs est loin d'arriver au chiffre de 4 fr. par jour.

Adoptons ce chiffre, et même soldons les dimanches et jours fériés ; ce qui fera, annuellement, un total de 365 journées de travail effectif.

RECETTES DE LA FAMILLE

Émoluments du mari.	1,460	»
La mère de famille, astreinte aux soins du ménage, et particulièrement appliquée à l'éducation de ses enfants, ne peut plus se livrer d'une manière fructueuse au métier qui suffisait à la faire vivre avant son mariage. Cependant, une femme labo-		
A reporter. . . . . Fr.	1,460	»

Report. . . . . Fr.	1,460	»
rieuse trouve encore, au milieu de ses occupations, le moyen de consacrer environ 120 journées de travail, soit à la lingerie, soit à tout autre genre de couture, à 1 fr. 50 c. l'une.	180	»
Total des recettes. . . . Fr.	1,640	»

DÉPENSES DE LA FAMILLE

Nourriture de la famille (3 fr. [1] quotidiennement) . . . . Fr.	1,095	»
Logement	150 [2]	»
Combustible : l'hiver, houille ; l'été, charbon de bois	50	»
Luminaire	15	»
Blanchissage du gros linge	20	»
Entretien du mobilier : savon, épingles, aiguilles et fil, bris de vaisselle.	20	»
Cotisation et amendes du mari, membre titulaire d'une Société de secours mutuels	30	»
Menus plaisirs de la famille.	30	»
Total des dépenses . . . Fr.	1,410	»
Recettes.	1,640	»
Dépenses	1,410	»
Excédent des recettes. . . Fr.	230	»

[1] Par ce temps de cherté des vivres, la somme de 3 fr. par jour est bien minime pour pourvoir à la subsistance du père, de la mère et de leurs deux enfants.

[2] Celle de 150 fr. est très-inférieure à ce qu'exigent aujourd'hui, pour prix d'un méchant logement, propriétaires et régisseurs.

Ainsi, en modérant ses dépenses avec parcimonie, à la fin de chaque année, il restera, à l'ouvrier, une somme totale de 230 fr. pour parer au chômage en temps de crises et servir à l'entretien de sa famille en linge, vêtements, etc. Et pourtant, sur ce chiffre de 230 fr., j'omets de prélever les frais de maladie, parce que, de tout temps, il a été convenu que les malades pauvres, quelle que puisse être leur répugnance à recourir à l'assistance publique, doivent se faire traiter à l'hôpital. On ne réfléchit pas, cependant, que cette triste ressource n'est pas toujours permise à l'ouvrier; il faut aujourd'hui un certificat d'indigence. Si donc, nous ne portons pas en ligne de compte les frais de maladie, il faudra ou que l'ouvrier ne soit jamais malade, ou bien reconnaître que le budget de ses recettes est vraiment insuffisant.

C'est la conviction que tout esprit impartial retirera forcément de l'exposé sommaire qui vient d'être fait des recettes et des dépenses d'une famille de prolétaires. Malgré tout le zèle, toute l'activité laborieuse, toute l'économie du père et de la mère de famille, il est impossible qu'un budget, si strictement balancé, puisse se solder en une épargne effective et appréciable.

III

CONCLUSION

En jetant les yeux sur le funèbre tableau des misères qui accablent le prolétaire, il est dur de penser encore que le travail qui use sa vie ne peut lui procurer assez de bien-être pour assurer ses vieux jours !

Il serait à désirer que les honorables sénateurs et députés à qui les malheureux ont donné leur vote, en échange de magnifiques promesses inscrites dans les professions de foi de ces Messieurs ; il serait urgent, dis-je, et de toute humanité, qu'ils prissent en sérieuse considération les souffrances de ces infortunés, surtout quand arrive, pour eux, la vieillesse avec son escorte d'infirmités et de maladies.

A qui les classes dirigeantes doivent-elles leur savoir, leur position et leur bien-être ? Aux ouvriers qui, depuis des siècles, ont sacrifié leur jeunesse, leur âge mûr, pour enrichir les pères de ceux qui brillent au premier rang. Vos pères, Messieurs, n'ont accordé, à ces mêmes ouvriers, qu'un salaire strictement réparateur des forces dépensées à leur service.

Que nos législateurs veuillent bien, pour un instant, faire trêve à leurs dissensions politiques et, au nom de l'humanité, s'accorder sur un point : qu'ils se montrent les protecteurs et qu'ils assurent les vieux jours d'hommes dignes d'intérêt à tous égards, et qui, après avoir rendu de signalés services à la société, en sont réduits à souffrir et mourir dans la plus profonde misère !

Tout récemment, l'honorable M. Léon Say, ministre des finances, a déposé, sur le bureau de la Chambre des députés, un projet de loi concernant les caisses de retraite des sociétés de secours mutuels.

D'après le rapport sur les mêmes sociétés pendant l'année 1879, présenté à M. le Président de la République, par le Ministre de l'intérieur et des cultes, les sociétés approuvées et autorisées étaient, à cette époque, au nombre de 6,525 et avaient 1,012,645 sociétaires, dont 143,046 honoraires et 859,599 participants, ainsi répartis : dans les sociétés approuvées, 125,538 honoraires et 606,815 participants, dont 505,172 hommes et 101,643 femmes, et dans les sociétés autorisées, 17,508 honoraires et 262,784 participants, dont 230,789 hommes et 31,995 femmes : d'où il suit que, dans les sociétés approuvées, on trouve 21 membres honoraires par 100 membres participants, et dans les sociétés autorisées[1] 7 seulement.

L'avoir des sociétés des deux catégories était de 90,985,647 fr. 36 c.

Les sociétés approuvées étaient, par conséquent, à la fin de 1879, au nombre de 4,615, et avaient 125,538 membres honoraires, 606,815 participants, dont 505,172 hommes et 101,643 femmes.

[1] Les sociétés autorisées ne disposant point de fonds de retraites, probablement la nouvelle loi les classera, et les engagera à se créer des ressources pour la retraite.

L'avoir des sociétés approuvées était de 68 millions 069,059 fr. 19 c.; fonds de réserve, 32,927,924 fr. 77 c.; fonds de retraites, 35,141,134 fr. 42 c.

En 1879, 2,749 sociétés approuvées possédaient un fonds de retraites. Elles ont versé à la caisse 1,260,799 fr. 70 c.

La même année, le Gouvernement a accordé auxdites sociétés une subvention de 475,510 fr.

2,022 pensions ont été liquidées pendant l'année 1879.

Voici, par catégories, le taux des 2,022 pensions liquidées pendant l'année 1879 :

NOMBRE des PENSIONS	QUOTITÉ des PENSIONS	NOMBRE des PENSIONS	QUOTITÉ des PENSIONS	NOMBRE des PENSIONS	QUOTITÉ des PENSIONS
1	500 fr.	2	95	2	59
1	400	1	92	3	58
12	300	18	90	6	57
25	240	2	88	5	56
32	200	1	86	7	55
3	190	3	84	3	54
2	182	18	82	6	52
28	180	1	81	1	51
3	160	65	80	325	50
27	150	2	78	11	48
1	144	1	76	3	46
5	140	21	75	17	45
4	130	1	74	6	44
5	125	45	72	7	42
1	124	20	70	210	40
91	120	2	69	3	38
4	115	2	68	42	36
8	110	1	66	10	35
1	105	4	65	6	34
5	104	1	64	9	33
180	100	2	63	18	32
2	98	2	62	4	31
4	96	312	60	346	30

Soit 2,022 pensions, formant un revenu total de 138,336 f.
La moyenne de ces pensions est de 68 fr. 41 c.

En prenant pour exemple les chiffres des 2,022 pensions liquidées en 1879, dont la moyenne est de 68 fr. 41 c., il est désespérant de voir que jamais, ou à peu près, on ne pourra soulager d'une manière satisfaisante les pensionnaires invalides du travail.

Depuis 1856, date de leur création, il a été versé aux caisses de retraites :

Montant des versements opérés par ces associations........................ Fr.	15,891,558 31
Subventions allouées par l'État, en raison de ces versements........	8,260,836 »
Donations et legs affectés aux fonds de retraites................	535,326 79
Intérêts capitalisés.............	10,481,009 87
	35,168,730 97
A déduire : remboursements divers	27,596 55
Solde créditeur au 31 décembre 1879..........................	35,141,134 42

Depuis vingt-six ans, aidées par les subventions annuelles de l'État, les cotisations de leurs membres honoraires, les donations et legs, les sociétés de secours mutuels approuvées n'avaient, en 1879, à leur caisse de retraites, qu'un capital de 35,141,134 fr. 42 c.

En progressant d'une manière si lente, il faudra, à ces sociétés, encore un bon siècle avant d'être en mesure de pouvoir soulager l'affreuse misère de leurs membres, arrivés à l'âge où, pour eux, il n'est plus possible de se procurer, par le travail, ce qu'exigent les premières nécessités de la vie.

Les invalides du travail n'ont jamais émargé au budget, ainsi que certains fonctionnaires qui, après avoir reçu des appointements exorbitants pendant vingt-cinq ou trente ans, ont droit à une pension dont la quotité n'atteint pas moins de la moitié du traitement d'activité.

On pensionne tous les employés de l'État et des villes ; on accorde une retraite bien méritée aux soldats, l'on ne devrait pas lésiner et, durant des siècles, faire attendre un morceau de pain à des hommes qui, dans les arts et l'industrie, ont été utiles à leur pays, et dont bon nombre ont servi la patrie !

Il est profondément regrettable que les gouvernements précédents se soient si peu inquiétés des travailleurs au point de vue de leur soulagement dans la vieillesse. Il y a cinquante ans, à son avènement, le gouvernement de Juillet avait promis monts et merveilles au peuple; si ce gouvernement eût, chaque année, fait voter par ses Chambres deux ou trois millions servant à fonder une caisse de retraites pour les travailleurs âgés et infirmes, ses successeurs auraient suivi son exemple, et, aujourd'hui, pour atteindre le but désiré, l'on ne se verrait pas obligé de proposer aux législateurs des chiffres formidables et décourageants.

Les législateurs devraient, sans hésitation, venir en aide à ces déshérités, et voter une loi qui fondât une caisse de retraite en dehors de celle qui existe actuellement.

Ce résultat pourrait être obtenu au moyen d'une combinaison financière et législative. La loi actuelle serait maintenue, mais, indépendamment, fonctionnerait une disposition transitoire créant une caisse supplémentaire de retraites destinée à venir en aide au moyen de subventions publiques ou particulières, volontaires ou obligatoires, au capital actuel fourni par le système aujourd'hui en usage.

Mais, avant de rechercher quelles combinaisons seraient à adopter, il est bon de déterminer l'insuffisance du projet de loi proposé au vote de la Chambre. Ce projet se résume en substance à prélever, pendant 30 ans, une somme annuelle de 12 fr. sur chaque membre participant des sociétés de secours mutuels, et ce, en sus de leur cotisation ordinaire. Le premier vice de ce système, et il saute aux yeux, serait d'en renvoyer à 30 ans la réalisation.

Un surcroît de cotisation en gênera un grand nombre : les maladies de leur famille, le chômage pour eux-mêmes, deviennent très-onéreux ; combien j'ai vu rayer des sociétaires faute de paiement, non par leur faute personnelle. Mais il faut aussi tenir compte de certains obstacles provenant de la volonté même de ceux que l'on veut secourir, et parmi lesquels on trouve toujours des réfractaires.

Ainsi, les ouvriers maçons, plâtriers, charpentiers éprouvent annuellement, par l'impossibilité matérielle d'y satisfaire, une perte de trois mois de travail, causée par la mauvaise saison, pendant laquelle leurs travaux sont régulièrement interrompus.

Beaucoup de jeunes gens, avec leur argent, veulent s'amuser et ne se soucient nullement, jusqu'à

40 ans, d'en donner une partie à une société; ils pensent peu à l'avenir et prétendent, sans raison aucune, qu'ils n'arriveront pas à l'âge de la retraite, que leurs pères sont morts dans l'âge mûr, et que, probablement, il en sera de même pour eux. Puis, la vieillesse venue pour ces êtres personnels, on les voit implorant des secours, soit en sollicitant des souscriptions ou de toute autre manière, soit en se livrant honteusement à la mendicité. . .

Il y a, en outre, une catégorie de jeunes ouvriers que les sociétés refusent de recevoir au nombre de leurs membres participants : ce sont ceux affligés de certaines infirmités[1]; jeunes gens pour qui il sera urgent de découvrir un moyen quelconque, afin de venir en aide à leur infortune.

Ces difficultés s'ajoutent à celles qui rendent déjà si ardue la solution du problème au point de vue financier. Nous nous trouvons donc en présence de deux grandes questions à résoudre : Quelles déterminations devra-t-on prendre devant le mauvais vouloir d'un nombre très-appréciable d'intéressés ? Les obligera-t-on à contribuer, malgré eux, ou bien les laissera-t-on en dehors de la combinaison légale, au risque de perdre une grande partie des avantages

[1] D'après les statistiques, en France, sur 100,000 habitants, il y a :

Aveugles.....	105	Bossus	125
Borgnes......	210	Perdu 1 ou 2 bras.....	25
Sourds-muets.	82	Perdu 1 ou 2 jambes....	32
Aliénés......	125	Pieds-bots	62
Goîtreux.....	118		

Indigents en France : 319,579.

que l'on doit en attendre? Car, ce ne seront pas seulement les dissidents qui auront à souffrir de leur abstention, mais aussi les associés eux-mêmes qui y perdront un contingent important; sans compter que l'effet moralisateur qui est cherché, et dont l'action doit réagir puissamment sur l'amélioration sociale, ne pourra être réalisé.

En premier lieu, il est certain qu'une loi qui assurerait dans un terme assez rapproché de dix ans, par exemple, le fonctionnement d'une caisse de retraites serait non-seulement bien accueilli, mais ferait cesser bien des hésitations et ramènerait bien des récalcitrants. Il est incontestable que l'exemple entraîne bien plus efficacement que les leçons, et que l'exécution effective d'une entreprise lui amène une foule d'adhérents qui se seraient refusés d'y participer, alors qu'elle l'aurait offerte à l'état de théorie d'une réalisation plus ou moins immédiate. Ce serait peut-être le seul moyen à employer pour vaincre le mauvais vouloir qui a été constaté, et l'on peut croire que le nombre des indépendants se trouvera, de cette façon, amoindri à un tel point, qu'il ne sera pas un obstacle appréciable.

Examinons maintenant ce problème au point de vue financier, qui est le plus grave et celui pour lequel l'intervention du gouvernement devient absolument nécessaire. Posons d'abord les chiffres qu'il constitue :

Il y a en France trois millions d'ouvriers; par diverses causes, un tiers de ce nombre ne fera jamais partie des Sociétés de secours mutuels; il en reste donc deux millions qui pourront devenir membres participants de ces Sociétés.

L'ouvrier, en général, vit moins longtemps que les autres classes; ainsi, sur le nombre de 1,000 personnes [1] de toutes catégories, à 60 ans, il en reste 229, tandis que, pour les ouvriers, ce chiffre se réduit à 152, différence d'un tiers.

Les riches sont souvent malades par leur faute; pour entretenir leur santé, ils ont le contentement, le confortable, l'hygiène et toutes choses qui coopèrent à leur longévité.

Sur un nombre quelconque de décès, deux tiers au moins sont recueillis dans les classes peu aisées.

En Europe, à toutes les époques de l'âge, la femme vit plus longtemps.

En France, dans de nombreux villages, où le progrès n'a pas encore pénétré, leur population vit plus longtemps que celle des villes.

Sur deux millions de membres titulaires des Sociétés de secours mutuels qu'il y aura probablement après le vote de la nouvelle loi, on ne trouvera, au-dessus de 60 ans, que 304,000 survivants, et au-dessus de 70 ans, 234,000.

Cette observation nous fournit les éléments de solution de l'une des difficultés à résoudre.

[1] Durée de la vie humaine. — Sur 1,000 naissances :

A 10 ans, il ne reste plus que		534	A 60 ans, il ne reste plus que		229
A 20 ans,	—	485	A 70 ans,	—	133
A 30 ans,	—	424	A 80 ans,	—	44
A 40 ans,	—	370	A 90 ans,	—	5
A 50 ans,	—	307	A 100 ans,	—	1

Au lieu de stipuler une pension d'un chiffre uniforme à partir de 60 ans, ce qui nécessiterait un capital total irréalisable, on pourrait très à propos établir deux catégories de pensions, l'une de 100 fr. pour la période d'âge de 60 à 70 ans (sauf, bien entendu, le cas d'infirmités exceptionnelles) ; l'autre, de 300 fr. pour les vieillards septuagénaires et au-dessus. Cette distinction n'a rien que de très-normal et elle abaisse d'une manière sensible le capital à réaliser. En effet, de 60 à 70 ans, un grand nombre peuvent encore subvenir à leurs besoins, et une rente devient un précieux secours qui compense le préjudice que peut leur causer leur âge avancé.

De cette façon, le principe d'une pension à partir de 60 ans est sauvegardé, mais il est réparti dans une proportion plus régulière et plus conforme à l'équité, aussi bien qu'aux exigences d'une sage économie. Il est bien évident qu'un chiffre de rente, qui est très-élevé pour un sexagénaire, devient au contraire absolument insuffisant pour un homme de 70 ans et au-dessus, dont l'âge a complètement brisé les forces.

C'est pourquoi il semble que la combinaison de deux catégories de pensions est le seul moyen d'obtenir un chiffre acceptable du capital à réaliser, sans abaisser celui de la pension au point de le rendre à peu près inutile à ceux qu'elle est destinée à secourir.

Pour allouer une pension annuelle et viagère de 100 fr. aux premiers, il serait nécessaire d'avoir une rente de 30 millions 400,000 francs, représentant un capital de 608 millions; les seconds exigent un revenu de 70 millions 200,000 fr., faisant un capital de 1,404 millions.

Le capital total serait de 2 milliards 12 millions, dont à déduire le capital actuel des fonds de retraites des Sociétés; il resterait 1,977 millions à réaliser pendant dix ou vingt ans, soit 197 millions 700,000 francs annuellement, durant une période de dix ans, soit 98 millions 850,000 francs par année pendant vingt ans, chiffres qui diminueraient successivement par l'intérêt annuel des sommes versées.

En attendant le fonctionnement régulier d'une caisse quelconque, il conviendrait de choisir, parmi les invalides du travail, les plus nécessiteux et les infirmes, afin de les aider, dans la mesure du possible.

Mais l'on pourra objecter : Où trouvera-t-on un capital si considérable pour accorder des pensions annuelles et viagères de 100 fr. et 300 fr. aux invalides du travail?

Le gouvernement, essentiellement démocratique, priera les Chambres de vouloir bien voter une somme quelconque, afin de former un noyau pour les caisses de retraites; puis, les mêmes Chambres voudront bien rectifier l'article 8 du décret organique du 26 mars 1852, l'article 2 du décret réglementaire du 26 avril 1856, l'avis du Conseil d'État du 12 juillet 1864, et les arrêts de la Cour de cassation des 8 mai et 22 juillet 1878, qui permettent aux Sociétés de secours mutuels approuvées de n'accepter, avec l'autorisation du préfet, bien entendu, des dons et legs que jusqu'à concurrence de 5,000 fr.

Il conviendrait aussi de supprimer dans la loi régissant les Sociétés de secours mutuels la formule : « Un décret du Président de la République, délibéré en Conseil d'État, autorisera les Sociétés de secours mutuels approuvées à accepter les dons et legs dépassant la somme de 5,000 fr. »

En procédant ainsi on ferait que des philanthropes seraient amenés à faire des legs considérables à la Caisse de retraite des invalides, qui prospérera d'une manière sensible et permettra, plus tard, d'élever la quotité des pensions.

En léguant une partie de leur fortune à des êtres bien méritants, ces âmes d'élite suivront l'exemple de leurs devanciers en philanthropie, dont la mémoire est bénie par les pauvres, et qui, à Lyon, ont continué la bonne œuvre si bien commencée par le roi Childebert, en laissant des sommes importantes pour servir à la fondation d'hôpitaux et d'hospices, dans lesquels les malades reviennent souvent à la santé et où les pauvres sont toujours secourus !

Bientôt, d'un trait de plume, le garde des sceaux supprimera 183 conseillers de Cours d'appel. La France est encore riche en rétribuant ces Messieurs, pourquoi ne verserait-on pas, annuellement, le montant de leurs émoluments à la Caisse de retraite des invalides du travail ?

La France, pour la servir, a 500,000 fonctionnaires. Si l'on priait ceux de ces Messieurs, dont l'appointement dépasse 4,000 fr., de vouloir bien offrir un demi pour cent, c'est-à-dire 50 centimes par 100 francs à ladite Caisse, ces honorables fonctionnaires seraient probablement charmés de coopérer au soulagement d'hommes victimes du sort !

Dans mon enfance, j'ai entendu dire, et plus tard j'ai lu dans les journaux que les sous-préfectures étaient de véritables sinécures, et servaient seulement d'écoles pour former de futurs préfets.

L'on pourrait (surtout aujourd'hui où chaque fonctionnaire fait preuve d'un républicanisme à toute épreuve) charger les maires des chefs-lieux d'arrondissement de la besogne des sous-préfets, sauf à convoquer les conseillers de préfecture pour présider, aux époques déterminées, les Conseils d'arrondissement.

Si le gouvernement adoptait la sage mesure de supprimer les sous-préfectures, les frais de bureau de celles-ci passant aux mairies des chefs-lieux d'arrondissement, les appointements, qui étaient alloués aux sous-préfets, ne pourraient-ils pas aller grossir le fonds de réserves de la Caisse de retraite ?

D'un autre côté, l'État, qui accorde 200 millions pour la construction de nouvelles écoles, devrait bien songer que la vie est plus indispensable encore que l'instruction ; s'il est louable d'enrichir de connaissances l'esprit des enfants du prolétaire, il le serait encore plus d'assurer du pain à la vieillesse de ce même ouvrier.

Mais ce n'est pas ici le lieu de rechercher ni d'indiquer toutes les ressources que l'État pourrait utiliser dans le but de constituer une caisse de retraite pour les prolétaires. Je ne terminerai pas cependant sans en signaler une qui est journellement mise en pratique pour des œuvres d'un intérêt bien moins justifié. Il s'agit des loteries que l'on autorise avec une grande facilité, et qui, sous des titres dissimulés, fonctionnent d'une manière périodique et régulière. Ce que l'on appelle tirages financiers n'est rien autre qu'un système de loterie, et ce n'est pas un des moindres appâts à l'aide desquels certaines combinaisons de banques se réalisent en attirant l'argent de toutes les bourses par l'espoir d'un coup heureux de la fortune.

Une loterie annuelle en faveur des caisses de retraite ouvrières leur amènerait certainement un nombre imposant de souscripteurs.

Dans la loi qui est à élaborer, il serait de toute humanité d'y insérer le paragraphe suivant : « En cas de décès d'un retraité marié, la moitié du prix de sa pension sera reversible sur la tête de sa veuve, non pensionnée, qui a donné des ouvriers à l'industrie et des soldats à la France !

Nous ne pousserons pas plus loin cette recherche qui dépasse peut-être les modestes limites dans lesquelles nous aurions dû nous restreindre. Ces observations sont bien moins une étude approfondie de ce sujet difficile, qu'une indication des besoins si pressants de la classe ouvrière et une invitation aux hommes compétents d'y satisfaire.

C'est aux législateurs que s'adresse cet appel, c'est à eux qu'il appartient de résoudre cet intéressant problème, et, pour eux, c'est bien moins une question de difficultés à vaincre que de bonne volonté à montrer en faveur des ouvriers auxquels, en réalité, ils doivent et leur autorité et leur situation politique. Disposant à leur gré des ressources inépuisables du pays, il serait étrange que tandis qu'ils font preuve d'une libéralité souvent excessive pour des causes moins dignes d'intérêt, ils se montrassent parcimonieux jusqu'à l'ingratitude envers ceux qui, non-seulement, leur ont donné le pouvoir dont ils usent, mais encore font la richesse financière et industrielle de la France !

Puissent ces lignes être utiles aux travailleurs ! c'est ce que souhaite ardemment leur bien dévoué collègue

A. Gouverne,
Ouvrier typographe.

Lyon, mai 1882.

TABLE DES MATIÈRES

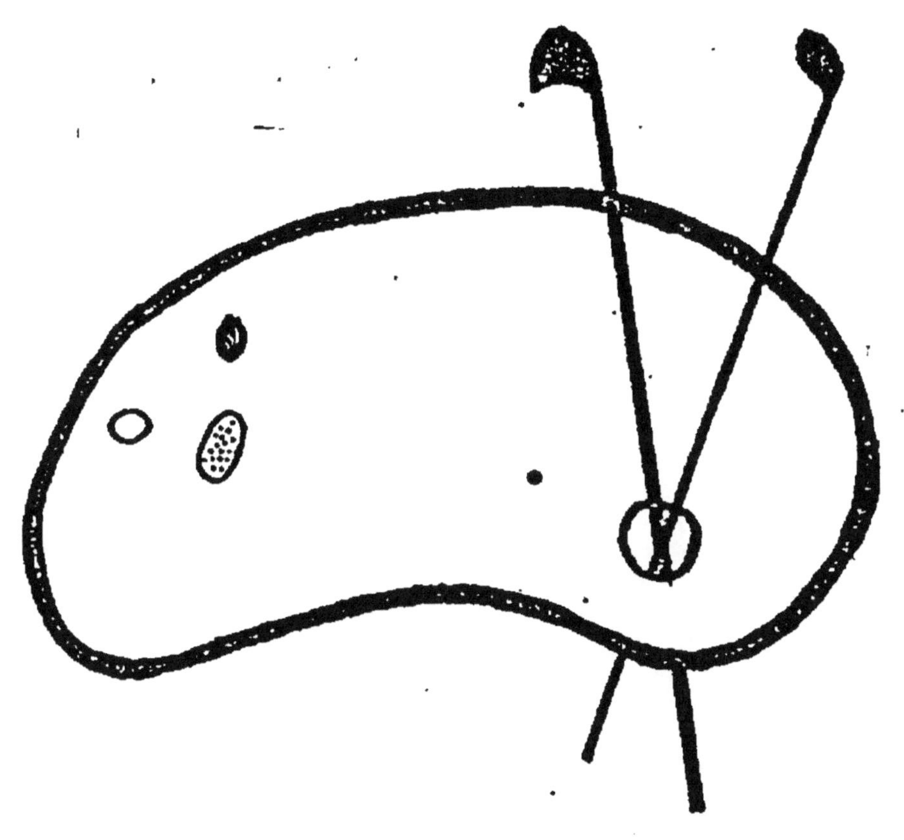

www.ingramcontent.com/pod-product-compliance
Lightning Source LLC
LaVergne TN
LVHW020431230826
846091LV00004B/1446

9782013559225